Rudolf Hirzel

**Über das Rhetorische und seine Bedeutung bei Plato**

Rudolf Hirzel
**Über das Rhetorische und seine Bedeutung bei Plato**
ISBN/EAN: 9783743610989

Hergestellt in Europa, USA, Kanada, Australien, Japan

Cover: Foto ©Thomas Meinert / pixelio.de

Manufactured and distributed by brebook publishing software (www.brebook.com)

Rudolf Hirzel

**Über das Rhetorische und seine Bedeutung bei Plato**

# Ueber das
# Rhetorische und seine Bedeutung
# bei Plato.

## Habilitations-Schrift

durch welche mit

Zustimmung der philosophischen Facultät der Universität Leipzig

zu seinem

**Mittwoch den 1. November 1871, Nachmittags 4 Uhr**

im

Auditorium No. 3, über dem Convict, 2. Etage

zu haltenden

## Probe-Vortrag

ergebenst einladet

Dr. Rudolf Hirzel.

---

Leipzig, S. Hirzel. 1871.

Das ungünstige Urtheil, das Plato an so vielen Stellen, die man bei Zeller nachlesen kann, über die gewöhnliche Rhetorik und die Redner seiner Zeit fällt, die Parallele, die er zwischen ihr und der Sophistik zieht, der schroffe und tiefe Gegensatz endlich, in den er sie zu der sokratischen Lehrweise im Gorgias stellt, ist der Grund gewesen, weßhalb man die geringen Spuren übersehen hat, welche auch bei Plato auf eine andere Auffassung der Rhetorik deuten. Auch Zeller unterscheidet zwar zwischen der gemeinen und einer idealen Redekunst, deren Grundzüge uns der Phädros darstellt; aber indem er dies thut, fällt ihm auf der anderen Seite die ideale Redekunst mit der Dialektik schlechterdings zusammen. „Auf dialek= tische Bildung, sagt er Philos. der Gr. II, 1, S. 615 (2. Aufl.), und auf wissenschaftliche Kenntniß der menschlichen Seele gestützt, soll sie durch ein kunstmäßiges Verfahren nicht bloß Ueberredung, sondern Ueberzeugung hervorbringen." Kein anderer aber ist auch der Zweck der Dialektik. Noch deutlicher spricht sich Zeller hierüber II, 2, S. 595 ff aus in dem Abschnitte, wo er von der aristo= telischen Rhetorik handelt: „Hatte nun aber Plato innerhalb dieses Gebietes zwischen der Aufgabe des Redners und des Philosophen nicht unterschieden, auch von Jenem vielmehr wissenschaftliche Be= lehrung des Zuhörers und nur diese verlangt, so kann Aristoteles nicht mehr beistimmen." Zeller stützt sich nun für seine Behauptung auf Phädr. p. 259 E — 266 C u. 269 E — 274 B. An beiden Stellen wird allerdings vom Redner ein kunstmäßiges Verfahren gefordert. Er soll sich, dies ist das Resultat des ersten Abschnittes, mit Hülfe der Dialektik über alle Dinge klare Begriffe erwerben, damit er im Stande ist, dieselben stets in der Weise darzustellen, wie es seinen Zwecken dient. Er soll sich in den Besitz des Wahren setzen um auch über das Wahrscheinliche zu gebieten und so seine Hörer täuschen zu können. Auf der anderen Seite aber wird auch vom Redner gefordert, daß er die Leidenschaften seiner Hörer erregen und dadurch über sie zu herrschen vermag. Darum wird es im zweiten Abschnitt für nöthig erklärt, daß er eine genaue Kenntniß der menschlichen Seele habe, sowohl nach ihrer allgemeinen als nach ihrer individuellen Beschaffenheit, daß er die verschiedenen Redeformen, die Art und Richtung ihrer Wirkung auf das menschliche Gemüth kenne. Nur so, wenn die nöthige praktische Uebung dazukommt, wird er jeden Augenblick im Stande sein unabhängig vom Zufall die Weise der Rede zu berechnen, welche die zeitgemäße ist und welche der beabsichtigten Wirkung entspricht.

Wenn also hier in der Absicht die Redekunst zu einer wirklichen Kunst zu machen für den Redner eine sehr tiefe und umfangreiche Vorbildung erfordert wird, so ändert sich doch dadurch die Voraussetzung nicht, auf der vielmehr Alles beruht, daß es die Aufgabe des Redners sei mit Hülfe des Wahrscheinlichen, das er finden müsse, seine Hörer zu überreden. Den Inhalt und Umfang einer Kunst zu finden, welche dem Redner die Mittel zur Erfüllung jener Aufgabe an die Hand giebt, ist der Zweck der ganzen Untersuchung. Dieser Zweck, der schon darin ausgesprochen lag, daß sich die ganze Untersuchung an die von Phädros, p. 360 A gegebene Definition anschloß und dieselbe zwar modificirte, doch in ihrer Grundlage nicht beseitigte, wird uns noch einmal 273 D eindringlich ins Gedächtniß gerufen. Freilich erklärt Sokrates selbst 273 E f., daß wer einmal diese Höhe des Wissens, welche die Vorbedingung einer wirklichen Redekunst ist, erreicht hat, sich nicht mit der niedrigen Aufgabe, welche dem Redner gestellt ist, begnügen, sondern sich höhere und würdigere Ziele stecken werde, welche dem großen Aufwand von Zeit und Kraft besser entsprechen. Welches dieses Ziel ist, das hier nur dunkel angedeutet wird, erfahren wir aus dem letzten Theile des Phädros; es ist die Mittheilung des erworbenen Wissens an Andere, die Belehrung und Ueberzeugung derselben. Der lehrende Philosoph also so gut wie der Redner stehen auf dem gleichen Grunde der Wahrheit und des Wissens, nur mit verschiedenen Zwecken und Zielen. Der Wissende ist also sowohl ῥητορικός als διδακτικός, er verbindet beide Fähigkeiten in einer Person. Nun sind allerdings die beiden Ziele sehr ungleich an Werth, ja das Ziel des Redners, die Ueberredung seiner Hörer, steht an Bedeutung und dauernder Wirkung so tief unter dem Ziele des Lehrers, daß wer die Wahl zwischen beiden hat niemals zweifelhaft sein kann. Doch soll dadurch nicht alle und jede Anwendung der Rhetorik ausgeschlossen sein. Sokrates will nur soviel sagen, daß man aus derselben keine ernsthafte Beschäftigung, keinen Lebensberuf machen solle. Darum wünscht er auch zum Schlusse seiner zweiten Liebesrede 257 B, daß Lysias sich von der Rhetorik zur Philosophie wenden und dem Phädros seinem Verehrer ein gutes Beispiel geben möge; und dies ist auch der Grund, weßhalb er dem wahren Rhetor und dem wahren Poeten verbietet sich so zu nennen, als wenn es neben der Philosophie noch andere ernsthafte Beschäftigungen im Leben gebe. vergl. 266 B. 278 C f. Es bleibt also die Möglichkeit, daß der Philosoph wenigstens gelegentlich und unter Umständen zum Rhetor werde. Dies finde ich angedeutet in den Worten 274 A: ἔσται μήν, ὡς ὁ λόγος φησίν, ἐάν τις ἐθέλῃ, καὶ ταῦτα κάλλιστα ἐξ ἐκείνων γιγνόμενα; und wenn es 278 A heißt, daß man schreiben und lange Reden halten — denn beides wird hier auf eine Stufe gestellt — beides auf die beste Weise thue, wenn man Wissende dadurch an schon Gewußtes erinnere, so ist dadurch eine gelegentliche Anwendung der Rhetorik auch in anderen Fällen nicht ausgeschlossen. Vielmehr giebt gerade der Phädros den Beweis, wie Sokrates, in dem uns auch hier der wahre Philosoph erscheint, bei Gelegenheit sich herbeiläßt zwei längere Reden in rhetorischer Manier zu halten.

Es ist also falsch, wenn Zeller sagt, daß Plato die Ueberzeugung und wissenschaftliche Belehrung zur Aufgabe der Redekunst gemacht und ihr dadurch ein höheres Ziel gesteckt habe. Von der Kunst das Wahre zu lehren unterscheidet auch er die Rhetorik als die Kunst, die durch das Wahrscheinliche überredet. Beide haben denselben Grund, erfordern dieselbe Vorbildung, sind aber in ihren Zwecken verschieden. Bis 273 E ist im Phädros ausschließlich von der Rhetorik die Rede; erst hier giebt Sokrates die erste noch dunkle Andeutung, daß man mit derselben Vorbildung, welche zur Rhetorik nöthig ist, noch ganz andere und höhere Ziele erreichen könne. Er hat bisher gezeigt, daß die gewöhnliche Rhetorik der Aufgabe, die sie sich stellt, nicht gewachsen ist, er hat die Grundlinien einer wahren Theorie der Redekunst, welche zur Erfüllung jener Aufgabe führt, gezeichnet; im Folgenden weist er nach, daß gerade das Ziel, welches der Redekunst einmal gesteckt ist, eines ernsthaften und dauernden Strebens nicht würdig sei, daß ein solches sich vielmehr auf die Belehrung und Mittheilung des Wissens an Andere zu richten habe. Wenn es dann trotzdem 277 C heißt: οὔτε τι πρὸς τὸ διδάξαι οὔτε τι πρὸς τὸ πεῖσαι, ὡς ὁ ἔμπροσθεν πᾶς μεμήνυκεν ἡμῖν λόγος, so ist daraus kein Einwand zu entnehmen, als wenn es sich schon im Vorhergehenden um die Mittel gehandelt habe, durch welche man belehrt. Vielmehr war durch die Schlußbemerkung des Sokrates 273 E f. zur Genüge angedeutet, daß diese Vorbildung, welche in der bisherigen Untersuchung für die Rhetorik erfordert wurde, auch dazu diene einen Menschen zum Lehrer eines Andern zu befähigen.

Es kann also nach dem Phädros keine Frage mehr sein, daß Plato eine rhetorische Thätigkeit und eine belehrende unterscheidet, welche beide auf denselben Grundlagen ruhen und in einer Person verbunden sind. Wir haben ferner gesehen, daß Plato auch dem Philosophen die Möglichkeit offen ließ sich unter Umständen der Rhetorik zu bedienen. Aus dem Politikos 304 D ersehen wir sogar einen ganz bestimmten Fall, in dem Plato es nicht nur für möglich, sondern für nothwendig hält sich der Rhetorik statt der Dialektik, wie wir sie nennen können, zu bedienen. Er spricht hier der Rhetorik die διδαχή vollkommen ab und weist ihr die Aufgabe zu πλῆθος und ὄχλος διὰ μυθολογίας zu überreden. Da nun Plato diese Rhetorik in den Dienst der wahren Staatskunst stellt, damit also zugiebt, daß der wahre Staatsmann, welches zugleich der wahre Philosoph ist, sich ihrer zu bestimmten Zwecken bedienen werde, so ist dadurch erwiesen, daß er ihr nicht jede Berechtigung abspricht, daß er sie, wenn er sie auch weit unter die Belehrung stellt, doch nicht für absolut verwerflich oder unnütz hält. Hierdurch wird es also auch wahrscheinlich, daß wir die Spuren, die wir von dieser Ansicht schon im Phädros finden, richtig gedeutet haben.

Eine weitere und durchschlagende Bestätigung dafür, daß Plato die Rhetorik nach ihrem Zwecke aufs Strengste von der Dialektik schied, erhalten wir aus dem Aristoteles. Denn Spengel Abh. der bayr. Akad. VI, 1, S. 466 f. bemerkt richtig, daß Aristoteles in der Rhetorik nur die Grundzüge, die Plato im Phädros andeutete, ausgeführt hat. Aristoteles gründet ebenso wie Plato die Rhetorik auf die Dialektik und er thut dies aus demselben Grunde, denn man vergl. Rhetor. I, 1, p. 1355$^a$ 14: τό τε γὰρ ἀληθὲς καὶ τὸ ὅμοιον τῷ ἀληθεῖ τῆς αὐτῆς ἐστὶ δυνάμεως ἰδεῖν u. Phädr. 273 D: Ὅτι, ὦ Τισία, πάλαι ἡμεῖς, πρὶν καὶ σὲ παρελθεῖν, τυγχάνομεν λέγοντες, ὡς ἄρα τοῦτο τὸ εἰκὸς τοῖς πολλοῖς δι' ὁμοιότητα τοῦ ἀληθοῦς τυγχάνει ἐγγιγνόμενον· τὰς δὲ ὁμοιότητας ἄρτι διήλθομεν, ὅτι πανταχοῦ ὁ τὴν ἀλήθειαν εἰδὼς κάλλιστα ἐπίσταται εὑρίσκειν. ὥστ' εἰ μὲν ἄλλο τι περὶ τέχνης λόγων λέγεις, ἀκούοιμεν ἄν· εἰ δὲ μή, οἷς νῦν δὴ διήλθομεν πεισόμεθα, ὡς, ἐὰν μή τις τῶν τε ἀκουσομένων τὰς φύσεις διαριθμήσηται, καὶ κατ' εἴδη τε διαιρεῖσθαι τὰ ὄντα καὶ μιᾷ ἰδέᾳ δυνατὸς ᾖ καθ' ἓν ἕκαστον περιλαμβάνειν, οὔποτ' ἔσται τεχνικὸς λόγων πέρι, καθ' ὅσον δυνατὸν ἀνθρώπῳ. u. 260 B ff. Aristoteles erkennt ferner die Aufgabe des Redners darin, daß er glaubwürdig, πιθανός, erscheint, er soll dies dadurch erreichen, daß der Inhalt seiner Rede wahrscheinlich, die Form den Seelen seiner Zuhörer angemessen, seine Person endlich zutrauenerweckend ist. Die beiden ersten Punkte finden sich auch bei Plato wieder. Die Hauptsache bleibt für uns, daß also Aristoteles als Inhalt der Rede nicht das Wahre sondern das Wahrscheinliche fordert und daß er deßhalb ebenso wie Plato die rhetorische Weise des Vortrags von der belehrenden unterscheidet. Aristoteles will endlich die belehrende Weise deßhalb mit der rhetorischen vertauschen, weil die Mehrzahl der Menschen wissenschaftlicher Belehrung nicht zugänglich ist. vgl. p. 1355$^a$ 24 ff., 1404$^a$ 7 ff. Dies dient zur Erklärung der platonischen Stelle im Politikos; denn hier hieß es zwar, daß der Redner durch Ueberredung, nicht durch Belehrung auf die große Menge des Volkes wirken solle, war aber der Grund nicht ausdrücklich angegeben, weßhalb dies so sein müsse.

Wir haben also mit Hülfe des Phädros, der Stelle im Politikos und endlich der Rhetorik des Aristoteles erkannt, daß die Rhetorik die Kunst ist, welche durch den Schein der Wahrheit überredet und daß diese da zur Anwendung kommt, wo eine wissenschaftliche Belehrung nicht möglich ist. Denn wenn auch im Politikos zunächst von der großen Menge des Volkes die Rede war, so kann doch der gleiche Grund, welcher hier die Anwendung der Rhetorik nöthig machte, auch bei Einzelnen stattfinden. Sonach ist es also eine doppelte Weise der Rede, deren sich der Philosoph bedient, eine wissenschaftlich belehrende und eine populär-rhetorische. Als der wahre Philosoph erscheint nun aber in den platonischen Schriften Sokrates, und man müßte daher sehen, ob Plato auch ihm diese doppelte Weise der Rede zuschreibt; dann erst würde die aufgestellte Ansicht von der Zulässigkeit der Rhetorik in dem angegebenen Sinne ihre volle Bestätigung erhalten. Nun läßt sich unschwer in den Reden des Sokrates ein dialektisch-wissenschaftlicher und ein Bestandtheil trennen, den man den mythischen zu nennen pflegt. Ja nicht bloß in den Reden des Sokrates sondern überhaupt in den platonischen Schriften zeigt sich diese Zweitheilung, so daß bald der eine bald der andere Bestandtheil überwiegt.

Schon in der äußeren Form sind diese beiden Bestandtheile unterschieden. Denn während in dem einen die Rede absatzweise durch Frage und Antwort fortschreitet, bleibt sie in dem anderen in gleichmäßigem ununterbrochenem Flusse. Es findet so in der That derselbe Gegensatz zwischen den mythischen und dialektisch-belehrenden Theilen statt, welchen Sokrates im Phädros zwischen den geschriebenen und rhapsodischen einer- und den wahrhaft belehrenden Reden andererseits annimmt. Gerade das, was das Eigenthümliche in der Form des Mythos ausmacht, daß er seinem Ziele zuläuft ohne Rücksicht darauf ob der Hörer folgt oder nicht, gerade das tadelt Sokrates im Phädr. 275 D und im Protag. 329 A an den Büchern sowohl wie an den rhapsodischen Reden. Die äußere Form scheint also entschieden dafür zu sprechen, daß wir in den Mythen des Sokrates den rhetorischen Bestandtheil seiner Reden sehen. Schon in der äußeren Form ist angedeutet, daß die Mythen nicht sowohl belehren als überreden wollen. Denn was Soph. 243 A von den alten Naturphilosophen gesagt wird, kann auch auf die platonischen Mythen übertragen werden: οὐδὲν γὰρ φροντίσαντες εἴτ' ἐπακολουθοῦμεν αὐτοῖς λέγουσιν εἴτε ἀπολειπόμεθα περαίνουσι τὸ σφέτερον αὐτῶν ἕκαστοι.

Was von der Form gilt, will ich nun auch an ihrem Inhalte zu zeigen versuchen. In Betreff des einen Bestandtheils, des dialektisch-wissenschaftlichen kann kein Zweifel walten: er dient direkt oder indirekt zur Belehrung des Hörers und enthält direkt oder indirekt die Wahrheit. In Betreff des anderen aber wird man soviel wenigstens behaupten können, daß er zum Inhalt das Wahrscheinliche hat. Denn anders kann man es doch nicht deuten, wenn Sokrates im Phädon 108 D, nachdem er versprochen hat seine Ansicht über die Gestalt der Erde mitzutheilen, den Beweis für die Wahrheit derselben wegen der Kürze der Zeit für unmöglich erklärt, wenn er es ebendas. 114 D eines vernünftigen Mannes unwürdig findet die unumstößliche Wahrheit dessen, was im Mythos erzählt wurde, zu behaupten und nur soviel zugestehen will, daß entweder das was er vorgetragen oder dem Aehnliches stattgehabe. An Stelle der Gründe, die er zu haben vorgiebt, aber durch die Kürze der ihm vergönnten Zeit zu verschweigen gezwungen wird, setzt er die eigene Ueberzeugung von der Wahrheit dessen was er sagt, und diese mußte in den Augen seiner Schüler und Anfänger beinahe das Gewicht eines Beweises haben. Anders kann man es ferner doch nicht deuten, wenn Sokrates im Gorgias in Bezug auf den vorausgegangenen Mythos über die Schicksale der Seele nach dem Tode p. 524 B sagt: ταῦτ᾽ ἔστιν, ὦ Καλλίκλεις, ἃ ἐγὼ ἀκηκοὼς πιστεύω ἀληθῆ εἶναι. Denn dadurch, daß Sokrates sich von der Wahrheit des Gesagten überzeugt erklärt, ist es für seine Hörer erst wahrscheinlich geworden; um auch für sie das Wahre zu sein, mußte noch der Beweis dazukommen. Da nun das Gesagte die Grundlage bildet, auf der das Folgende sich aufbaut, so beruht der ganze Mythos des Gorgias auf dem Wahrscheinlichen und hat so die Gestalt eines aristotelischen Enthymema im Großen. Ebenso stellt Sokrates im unmittelbar Folgenden den Satz auf, daß der Tod in einer Trennung des Leibes von der Seele bestehe; an Stelle des Beweises hierfür, den er seinen Hörern schuldig bleibt, wirft er das Gewicht seiner Ueberzeugung in die Schale mit den Worten ὡς ἐμοὶ δοκεῖ. Dasselbe thut er am Schluß des Mythos p. 526 D, wenn er sagt: ἐγὼ μὲν οὖν, ὦ Κ., ὑπὸ τούτων τῶν λόγων πέπεισμαι.

Ebenso wird in keiner Weise für den Mythos am Ende der Republik der Beweis geführt, daß er die volle Wahrheit enthalte; Sokrates begnügt sich mitzutheilen, daß die Erzählung aus dem Munde eines Mannes stamme, der um seiner allgemeinen Trefflichkeit (μάλα ἀλκίμου ἀνδρός p. 614 B) und der besonderen Schicksale und Erfahrungen willen, die ihm zu Theil geworden, wohl Glauben verdiene. Wenn wir nun mit der gleichen Erwartung, Wahrscheinlichkeit statt Wahrheit zu empfangen, an die beiden großen mythischen Werke Platos, den Timäos und den Kritias, treten, so werden wir in unserer Erwartung nicht getäuscht. Denn die Zuversicht, die wir von vornherein in das Gesagte setzen, beruht nicht auf einem Beweise, sondern lediglich auf der doppelten Autorität des Solon und der ägyptischen Priester, auf die die Tradition nach der Aussage des Kritias zurückgeht. Im Mythos des Politikos endlich ist es nicht eine glaubwürdige Person, welche dem Erzählten Wahrscheinlichkeit verleiht, sondern die Autorität der Volkssage. Es werden einzelne Züge derselben angeführt, die im Mythos ihre Erklärung erhalten und zu einem Gesammtbilde vereinigt werden. Bis jetzt habe ich bloß von der äußeren Wahrscheinlichkeit, wie sie durch Berufung auf Autoritäten hergestellt wird, geredet. Neben der äußeren geht aber eine innere Wahrscheinlichkeit, wie ich sie nennen möchte, her. Ihr Wesen läßt sich am Besten aus dem Timäos erklären. Plato selbst hilft uns hier auf die Spur in der bekannten Stelle p. 29 B: ὧδε οὖν περί τε εἰκόνος καὶ περὶ τοῦ παραδείγματος αὐτῆς διοριστέον, ὡς ἄρα τοὺς λόγους, ὧνπερ εἰσὶν ἐξηγηταί, τούτων αὐτῶν καὶ ξυγγενεῖς ὄντας. τοῦ μὲν οὖν μονίμου καὶ βεβαίου καὶ μετὰ νοῦ καταφανοῦς μονίμους καὶ ἀμεταπτώτους καὶ καθ᾽ ὅσον οἷόν τε ἀνελέγκτους προςήκει λόγους εἶναι καὶ ἀκινήτους, τούτου δὲ μηδὲν ἐλλείπειν· τοὺς δὲ τοῦ πρὸς μὲν ἐκεῖνο ἀπεικασθέντος, ὄντος δὲ εἰκόνος εἰκότας ἀνὰ λόγον τε ἐκείνων ὄντας κ. τ. λ. Warum sich nun über das Bild eines Ideals nicht mit der gleichen Bestimmtheit und Gewißheit, die keinen Zweifel erlaubt, reden läßt, sondern solche Reden es nie über die Wahrscheinlichkeit bringen, ist nicht so schwer einzusehen. Denn es läßt sich nicht feststellen, ob das was aus der Idee als solcher mit Nothwendigkeit und unzweifelhafter Wahrheit folgt, in jedem einzelnen Falle auch zur Verwirklichung gelangt ist. Vielmehr muß stets ungewiß bleiben, in wieweit die Sprödigkeit und das Widerstreben der Materie in jedem einzelnen Falle eine volle Ausgestaltung des Ideals zuließ. Weil also die ganze Darstellung der wirklichen Welt, wie sie von Timäos gegeben wird, auf solchen Schlüssen aus dem Ideale beruht, so kann sie auch durchweg nicht mehr als Wahrscheinlichkeit, nie die volle und nothwendige Wahrheit beanspruchen. Dieselbe innere Wahrscheinlichkeit ist es auch, durch welche der Inhalt des Gorgiasmythos unterstützt wird.

Sokrates hatte es in der Unterredung mit Kallikles zur unzweifelhaften Wahrheit erhoben, daß der Mensch vor allen Dingen danach streben müsse gerecht zu sein, daß nichts gewonnen sei, wenn er nur gerecht zu sein scheine. Wenn nun Sokrates einen Mythos erzählte, in welchem die Gerechtigkeit den Platz einnahm, der ihr nach der vorausgegangenen Untersuchung gebührte, so hatte dieser Mythos dadurch die innere Wahrscheinlichkeit für sich. Das Gleiche gilt auch von dem Mythos zum Schluß der Republik; denn auch dieser gewinnt innere Wahrscheinlichkeit dadurch, daß er das Gleiche, was für den Guten und Gerechten in diesem Leben bewiesen war, auch auf das zukünftige Leben ausdehnt. Ebenso wird im Mythos des Phädon nur näher ausgeführt, was im Vorhergehenden schon bewiesen war; denn bewiesen war, daß die Seele unsterblich sei und damit hing die Forderung aufs Engste zusammen, daß man schon auf Erden durch möglichstes Reinhalten der Seele vom Körper der künftigen Trennung beider vorarbeiten müsse. Die Philosophen sind es aber, welche dieser Forderung an meisten genügen, und somit hat es die innere Wahrscheinlichkeit für sich, wenn ihrer auch nach dem Tode das seligste Loos wartet. Dieselbe innere Wahrscheinlichkeit leuchtet endlich auch aus dem Mythos des Kritias hervor. Denn wenn das Ideal des Staates, wie es Sokrates in der Republik gezeichnet hatte, das wahre war, wenn ferner aus alter Ueberlieferung feststand, daß es eine bessere und zugleich staatenbildende Urzeit des Menschengeschlechts gegeben, so war es von vornherein wahrscheinlich, daß in derselben das sokratische Staatsideal seine Verwirklichung gefunden hatte. Den Phädrosmythos kann ich zwar nicht direkt einer der beiden angegebenen Kategorien unterordnen. Doch kann auch er, wie man leicht sieht, nicht mehr als das Wahrscheinliche geben wollen; denn auch der Beweis für die Unsterblichkeit der Seele, den man mir als wissenschaftlich-belehrenden Bestandtheil entgegenhalten könnte, will doch lediglich nur von der Wahrheit des bestimmten Satzes, den er an die Spitze stellt, überreden. Wollte Sokrates hierdurch wirklich belehren, so mußte er in Betreff der einzelnen Sätze, welche zum Beweise führen, erst prüfen, in wieweit Phädros den Sinn derselben gefaßt hat oder nicht, in wieweit er dann die Wahrheit derselben zugiebt oder nicht. Ebenso lehnt er es im Folgenden 246 A ab sich, um die Natur der Seele zu bestimmen, des dialektisch-wissenschaftlichen Weges, auf dem doch allein eine Belehrung möglich ist, zu bedienen und betritt statt dessen den kürzeren des Gleichnisses, wodurch, mag dasselbe noch so treffend, noch so wahrscheinlich sein, im besten Falle nicht mehr als eine bloße δόξα in der Seele des Hörers erregt wird. An diese Vergleichung der Seele schließt sich aber die ganze folgende Darstellung an, so daß auch diese in keiner Weise sich über die Höhe des Wahrscheinlichen erheben kann. Endlich will ich noch p. 245 C anführen, wo es mit Bezug auf alles Folgende heißt: ἡ δὲ δὴ ἀπόδειξις ἔσται δεινοῖς μὲν ἄπιστος, σοφοῖς δὲ πιστή. Mag unter den δεινοί und σοφοί verstanden sein wer will, daß überhaupt der Beweis nicht für Alle überzeugend ist, zeigt zur Genüge, daß er noch nicht erschöpfend ist.

Bildet also das Wahrscheinliche, wie wir gesehen haben, den Inhalt der Mythen, so kann ihr Zweck auch nicht sein zu belehren, wozu das Wissen und die Wahrheit erforderlich wären, sondern nur eine bestimmte Meinung, δόξα, bei den Hörern zu erregen, also zu überreden, πείθειν. Wir haben demnach in den platonischen Schriften oder genauer in den Reden des Sokrates zwei Arten zu unterscheiden, solche, welche durch Wahrheit belehren, eine ἐπιστήμη geben wollen und solche, welche durch den Schein der Wahrheit überreden, eine bestimmte δόξα erregen. Diese beiden Arten der Reden entsprechen aber den beiden Arten der Rede, welche Sokrates, wie wir sahen, im Phädros dem ächten Philosophen zuschreibt; denn dieser sollte, wie wir uns erinnern, nicht allein im Stande sein zu belehren, sondern ebenso wenn es nöthig wäre zu überreden.

Aus dieser allgemeinen Gleichheit des Rhetorischen und Mythischen ergiebt sich nun auch anderes beiden Gemeinschaftliche. Nach dem letzten Theile des Phädros sollen die rhetorischen sogut wie die schriftlichen Compositionen bloß zum Vergnügen angefertigt, nie jedoch als ernste Arbeit betrachtet werden; denn Gegenstand dieser soll nur das Lehren des Wissens und der Wahrheit sein, welche beide sich weder in rhetorischer noch in schriftlicher Form mittheilen lassen. Denn wenn es zunächst auch 276 D nur von der schriftlichen Abfassung heißt, daß sie bloß dem Vergnügen dienen solle, und wenn zunächst also bloß diese der wirklichen Belehrung entgegengesetzt wird, so wird doch das Gleiche auf die rhapsodischen Reden auszudehnen sein, da diese mit dem Geschriebenen auf eine Stufe gestellt und ihnen die πειθώ, nicht die διδαχή als Ziel gegeben wird. vgl. 277 E.*)

Nun haben wir gesehen, daß es auch die Absicht der Mythen nicht gewesen sein kann zu belehren, da das Wahrscheinliche, dessen sie sich als Mittel bedienen, bloß zur δόξα, nicht zum Wissen führt. Wollte also der platonische Sokrates consequent sein, so durfte er sie ebenfalls nur zur παιδιά rechnen. Er selbst spricht dies zwar an keiner Stelle ausdrücklich aus, wohl aber an seiner Statt und ohne seinen Widerspruch, also doch wohl mit seiner Billigung, der Frembling Timäos im gleichnamigen Dialog p. 59 C: τἄλλα δὲ

---

*) Denn darüber daß unter den ῥαψῳδούμενοι λόγοι die langen Reden der Sophisten und Rhetoren im Gegensatz zu denen des Sokrates zu verstehen sind, darin stimmen Heindorf und Stallbaum überein, und darin mit Recht. Dagegen kann ich Heindorf nicht zustimmen, wenn er die ἀνάκρισις als die disquisitio et censura orationum deutet, und Stallbaum, wenn er ihm hierin folgt. Sie hätten sich des Gegensatzes erinnern sollen, in dem diese Reden zu den sokratischen stehen, und daß also die ἀνάκρισις, die ihnen fehlt, sich in denen des Sokrates finden wird. Die Reden des Sokrates haben aber eine doppelte Seite; denn einmal befreien sie vom Irrthum und erst, nachdem dies geschehen, geben sie das Wissen. Es tritt die Belehrung nicht eher ein, als bis jede widerstrebende falsche Meinung beseitigt und durch genaue Forschung festgestellt ist, daß der Geist nun reif sei das Wissen zu empfangen. Etwas Aehnliches fand vor Anhängigmachung eines Processes statt; es wurde untersucht, ob die Sache sich zur Klage eigne. Daher ist der Ausdruck entlehnt, wie Heindorf richtig bemerkt hat. Daß die Bedeutung des Wortes ἀνάκρισις, welche ich an unserer Stelle statuire, die richtige ist, kann Sympos. 201 E lehren: δοκεῖ οὖν μοι ῥᾷστον εἶναι οὕτω διελθεῖν, ὥς ποτέ μέ ἡ ξένη ἀνακρίνουσα διῄει.

τῶν τοιούτων 'er hat von der Bildung des Gottes, Erzes und Rostes gesprochen) οὐδὲν ποικίλον ἔτι διαλογίσασθαι τὴν τῶν εἰκότων μύθων μεταδιώκοντα ἰδέαν, ἣν ὅταν τις ἀναπαύσεως ἕνεκα τοὺς περὶ τῶν ὄντων ἀεὶ καταθέμενος λόγους τοὺς γενέσεως πέρι διαθεώμενος εἰκότας ἀμεταμέλητον ἡδονὴν κτᾶται, μέτριον ἄν ἐν τῷ βίῳ παιδιὰν καὶ φρόνιμον ποιοῖτο. Und ebenso vgl. Politik 268 D: σχεδὸν παιδιὰν ἐγκερασαμένους· συχνῷ γὰρ μέρει δεῖ μεγάλου μύθου προςχρήσασθαι. Denselben Sinn hat es aber auch, wenn die größeren Mythen im Gorgias, in der Republik und dem Phädon zum Schlusse des Dialogs erscheinen; sie sollen dem Hörer als Erholung von der harten Verstandesarbeit dienen, die Sokrates ihm zugemuthet hatte. Die Identität des Mythischen und Rhetorischen hat sich uns also auch darin bestätigt, daß beide für den platonischen Sokrates nur den Werth einer παιδιά haben. Auf dem gleichen gemeinsamen Grunde beruht aber noch eine andere Parallele, welche sich zwischen dem Mythischen und Rhetorischen ziehen läßt. Denn beide Formen der Darstellung sollen angewandt werden, weil die Kürze der Zeit keine wissenschaftliche Belehrung und Ueberzeugung zuläßt: So wird dies Theätet. 201 A ff. als der Grund angegeben, warum die Redner vor Gericht sich begnügen müssen zu überreden statt zu belehren. Das Gleiche behauptet von den Rednern im Allgemeinen Gorg. 455 A: Οὐδ' ἄρα διδασκαλικὸς ὁ ῥήτωρ ἐστὶ δικαστηρίων τε καὶ τῶν ἄλλων ὄχλων δικαίων τε πέρι καὶ ἀδίκων, ἀλλὰ πιστικὸς μόνον. οὐ γὰρ δήπου ὄχλον γ' ἂν δύναιτο τοσοῦτον ἐν ὀλίγῳ χρόνῳ διδάξαι οὕτω μεγάλα πράγματα. Als Grund der mythischen Darstellung wird dasselbe angeführt Phädon 108 D: ἀλλὰ μέντοι, ὦ Σιμμία, οὐχ ἡ Γλαύκου γέ μοι τέχνη, δοκεῖ εἶναι διηγήσασθαι ἅ γ' ἐστίν· ὡς μέντοι ἀληθῆ, χαλεπώτερόν μοι φαίνεται ἢ κατὰ τὴν Γλαύκου τέχνην, καὶ ἅμα μὲν ἐγὼ ἴσως οὐδ' ἂν οἷός τε εἴην, ἅμα δέ, εἰ καὶ ἠπιστάμην, ὁ βίος μοι δοκεῖ ὁ ἐμός, ὦ Σιμμια, τῷ μήκει τοῦ λόγου οὐκ ἐξαρκεῖν. Aehnlich wird die mythische Darstellung als die kürzere der dialektischen vorgezogen Phädr. 246 A: περὶ δὲ τῆς ἰδέας αὐτῆς ὧδε λεκτέον· οἷον μέν ἐστι, πάντῃ πάντως θείας εἶναι καὶ μακρᾶς διηγήσεως, ᾧ δὲ ἔοικεν, ἀνθρωπίνης τε καὶ ἐλάττονος. vgl. Politik. 277 B: καὶ νῦν ἡμεῖς, ἵνα δὴ πρὸς τῷ ταχὺ καὶ μεγαλοπρεπῶς δηλώσαιμεν τὸ τῆς ἔμπροσθεν ἁμάρτημα διεξόδου, τῷ βασιλεῖ νομίσαντες πρέπειν μεγάλα παραδείγματα ποιεῖσθαι, θαυμαστὸν ὄγκον ἀράμενοι τοῦ μύθου. Ferner wird Gorg. 471 E das Anrufen von Zeugen als ein rhetorischer Kunstgriff bezeichnet; die Redner wollen die Wahrheit ihrer Aussagen durch die Menge und Würdigkeit ihrer Zeugen anstatt durch Gründe beweisen. Dies erklärt sich aus dem allgemeinen Wesen der Rhetorik, welches in der Ueberredung, nicht in der Ueberzeugung liegt. Es kann uns also auch nicht Wunder nehmen, wenn in den platonischen Mythen, die ebenfalls nicht belehren sondern überreden wollen, die Wahrheit des Behaupteten durch Zeugen und nicht durch sachliche Gründe erhärtet wird. Damit meine ich nun weniger einzelne Citate wie Gorg. 525 D das des Homer und Phädr. 274 D das allgemeine der παλαιοί, sondern Zeugnisse, wie das des Armeniers Er, auf dessen Glaubwürdigkeit sich der ganze Mythos am Schluß der Republik stützt, und das des Solon und der ägyptischen Priester, auf welche Timäos und Kritias ihre Erzählung zurückführen.

Bisher haben wir das Wesen des Redners nur einseitig bestimmt, wenn wir ihn als den bezeichneten, welcher mit Hülfe des Wahrscheinlichen zu überreden sucht. Welches die andere Seite ist, lernen wir aus dem Phädros; denn hier wird dem Redner nicht bloß das Finden und Vortragen des Wahrscheinlichen als Aufgabe gestellt, sondern außerdem gefordert, daß er die Seelen seiner Hörer nach einem bestimmten Ziele zu lenken wisse. Er muß also seiner Rede eine Form geben, wodurch sie auf die Seele dessen, an den sie gerichtet ist, wirkt, und zwar in der Weise wirkt, daß die Wirkung dem der Rede gesteckten Ziele entspricht. Die Gleichheit des Rhetorischen und Mythischen mit Bezug darauf, daß Beide zum Inhalt das Wahrscheinliche haben und mit Hülfe desselben überreden, nicht belehren wollen, glaube ich nachgewiesen zu haben. Es frägt sich nun, wenn eine volle Identität des Mythischen und Rhetorischen stattfinden soll, ob auch die andere Seite des Rhetorischen an dem Mythischen sich wieder findet. Ich meine die Seite des Rhetorischen, wonach es in der Rücksicht liegt, welche die Darstellungsform auf den Hörer oder Leser und auf ein bestimmtes ihr gestecktes Ziel nimmt. Ich beginne mit dem Mythos im Phädros, der zweiten Liebesrede des Sokrates. Wie dieselbe durch den Zweck beeinflußt wird, sehen wir am Besten durch Vergleichung mit der ersten Liebesrede des Sokrates. Der augenfälligste Unterschied beider liegt in der verschiedenen Definition, welche beide von der Liebe aufstellen; denn während sie nach der ersten unter den allgemeinen Begriff der ὕβρις fällt und einen Seelenzustand bezeichnet, in dem die sinnlichen unvernünftigen Triebe über den vernünftigen Theil der Seele herrschen, erscheint sie in der zweiten als eine Erregung und Beflügelung der ganzen Seele, wie sie durch die sehnsüchtige Erinnerung an das ideal Schöne entsteht, welche den menschlichen Geist beim Anblick des sinnlich Schönen ergreift. Beide Reden halten ihre Definition mit voller Schroffheit aufrecht. Auch die erste Rede giebt zwar noch außer der Liebe eine Begierde zum Schönen zu p. 237 D), schließt dieselbe aber von der Liebe vollständig aus und weist sie einem anderen Vermögen, der δόξα ἐφιεμένη τοῦ ἀρίστου zu. Die zweite Rede dagegen, welche einen durchaus geistigen Ursprung der Liebe annimmt, leitet ebendeßhalb auch die sinnliche Liebe der Geschlechter auf diesen Ursprung zurück und schließt sie somit nicht von dem Begriff der Liebe aus, doch nur unter der Bedingung, daß man in dieser sinnlichen Liebe eine widernatürliche unvollkommene Gestaltung der eigentlichen Liebe sieht. vgl. 250 E f. Für diese einseitige Definition der Liebe, welche jede Rede für sich aufstellt, erhalten wir die beste Erklärung durch Sokrates' eigene Worte p. 265 A und 266 A. Der Eros fällt hiernach unter den allgemeinen Begriff der μανία oder παράνοια. Diese aber ist nach ihm eine doppelte, entweder aus Krankheit oder göttlicher Einwirkung entstanden. Weil es nun der ersten Rede, welche den Eros tadeln will, darum zu thun sein muß ihn von möglichst schlechter Seite zu zeigen, so stellt sie ihn, da er bekanntlich zur μανία gehört, unter die erste Art derselben, welche sich von Krankheiten ableitet. Bei der zweiten Rede ist es der entgegengesetzte Fall, sie soll den Eros loben und stellt ihn deßhalb, damit er von der guten Seite erscheint, ausschließlich unter die zweite Art der μανία. Mit dieser verschiedenen Ansicht über das Wesen der Liebe hängt aufs Engste zusammen die verschiedene Ansicht über das Wesen der Seele. Der Eros — das war nicht abzuläugnen — war eine natürliche eingeborne Begierde, aufs Innigste mit der menschlichen Natur verwachsen. Wer also die Liebe für etwas durchaus Sinnliches ansah, mußte auch die menschliche Natur ihrem Wesen nach für eine sinnliche halten. So sehen wir, daß in der ersten Rede nur im Allgemeinen zwei Triebfedern des Menschen unterschieden werden. Die eine, die natürliche und angeborne, ist das Streben nach Lust vgl. 237 D δύο τινέ ἐστον ἰδέα ἄρχοντε καὶ ἄγοντε, οἷν ἑπόμεθα ᾗ ἂν ἄγητον, ἡ μὲν ἔμφυτος οὖσα, ἐπιθυμία ἡδονῶν—, die andere, von außen gekommene und anerzogene, ist die nach dem Guten strebende Meinung, wie es Plato 237 D ausdrückt: ἄλλη δὲ ἐπίκτητος, δόξα ἐφιεμένη τοῦ ἀρίστου. Von Natur also ist der Mensch nach dieser Auffassung ein rein sinnliches, seinen Begierden folgendes Wesen. Sollte dagegen kein sinnlicher, sondern ein übersinnlicher Ursprung der Liebe angenommen werden, so war es nöthig den Körper als den sinnlichen Theil von der Seele als dem übersinnlichen zu scheiden. Da nun aber die Liebe etwas Natürliches und Angeborenes, nichts Anerzogenes ist, so muß sie in der Natur und dem Wesen des Menschen ihren Ursprung haben. Der übersinnliche Theil des Menschen muß also sein eigenthümlicher und wesentlicher sein, wenn wir in ihm den Ursprung der Liebe suchen sollen. Daher kommt es, daß die Seele als der ewige und dauernde Theil des Menschen, dem das Körperliche nur zufällig und zeitlich anhaftet, bewiesen und geschildert wird. Es findet somit in der zweiten Rede gerade das Umgekehrte der ersten statt. Während dort aus der Annahme eines sinnlichen Ursprungs der Liebe die Annahme folgte, daß der Mensch von Natur und ursprünglich ein sinnliches Wesen sei, das zum Guten erst erzogen werden müsse, dem das Gute nur zufällig und äußerlich anhafte, folgt in der zweiten Rede aus der Annahme eines geistigen Ursprungs der Liebe, daß der Mensch ursprünglich rein geistiger Natur und deßhalb gut sei, daß das Schlechte erst entstand, da er an den Körper und die Sinnlichkeit gebunden wurde. Es mußte ferner, um den geistigen Ursprung der Liebe zu erklären, neben den beiden niederen Theilen der Seele, welche schon die erste Rede als Triebfedern des Menschen kennt,*) welche aber zu jenem Zwecke nicht ausreichten, ein dritter, höherer, angenommen werden. Derselbe mußte mit den anderen beiden in eine möglichst enge Verbindung treten, um zu erklären, wie die Liebe, die in der menschlichen Vernunft ihren Ursprung nimmt, sich von hier aus belebend und erregend den beiden anderen Theilen mittheilt; vgl. 153 E, wo die Entstehung der Liebe in dieser Weise beschrieben wird. Diese enge Verbindung, welche der zweiten Rede zufolge unter den verschiedenen Theilen der Seele stattfindet, wird auch durch den Ausdruck ξύμφυτος δύναμις bezeugt, den Sokrates 246 A auf die menschliche Seele anwendet.

Um nun aber die Eigenthümlichkeit und Natur unserer Rede in ihrem vollen Umfange einzusehen, wird es gut sein auch andere Stellen platonischer Dialoge zur Vergleichung herbeizuziehen. Zunächst verfällt man hierbei auf das Symposion, weil dieses ebenso wie unsere Rede die Liebe zum ausschließlichen Gegenstande hat und weil es auch in vielen anderen Punkten dem Phädros nahe verwandt ist. Mit Uebergehung der übrigen Reden haben wir uns

---

*) Wenigstens kann kein Zweifel sein, wenn man 255 D mit 237 E vergleicht, daß Plato mit dem θυμός der zweiten und der δόξα der ersten Rede das Gleiche bezeichnen wollte.

natürlich bloß an das zu halten, was Sokrates den versammelten Gästen als Lehre der Diotima über das Wesen des Eros mittheilt. Nach ihr ist die Liebe das Streben nach dem ewigen Besitz eines Gutes und somit der Trieb nach Unsterblichkeit p. 207 A. Die Liebe ist hiernach identisch mit dem Triebe zu gebären und zu zeugen, da nur auf diese Weise im Bereiche des sterblichen und vergänglichen Daseins Ewigkeit und Unsterblichkeit möglich ist. vgl. 206 E. 207 D. In diesem Sinne ist nicht bloß die gemeine sinnliche Liebe zu fassen, welche auf bloße Fortdauer des körperlichen Daseins ausgeht 207 B ff.: hierher gehört vielmehr auch das Streben der Menschen in Worten und Werken, gewissermaßen Kindern ihres Geistes, ewig fortzuleben 208 D. 209 D. Diesen im Menschen, wenn er ein gewisses Alter erreicht hat, regen Trieb der Liebe zu entbinden, ihn von den Schmerzen seiner Schwangerschaft zu befreien dient das Schöne 206 B ff. Die niedrigste Form nun, welche dieser Trieb annimmt, ist die der Geschlechtsliebe; wie sie aus der Zeugungslust des Körpers hervorgeht, so ist sie auch nur auf körperliche Fortexistenz gerichtet. In Bezug auf die geistige Liebe unterscheidet Diotima mehrere Stufen, welche durch eben so viele Arten des Schönen bezeichnet sind. Zunächst wird die Liebe durch Schönheit des Körpers und zwar zuerst eines einzelnen bestimmten Körpers erregt; erst allmählich richtet sie sich auf körperliche Schönheit im Allgemeinen, ohne Rücksicht auf einen bestimmten einzelnen Körper 210 B. Noch mehr läutert sich die Liebe, wenn sie mit Verachtung der sinnlichen Schönheit der Schönheit der Seele, auch wenn sie in häßlichem Körper wohnt, sich zuwendet 210 B f. In weiterem Fortschritt gelangt dann die Liebe dazu durch $\epsilon\pi\iota\tau\eta\delta\epsilon\upsilon\mu\alpha\tau\alpha$ und $\nu\delta\mu o\iota$, dann durch die $\epsilon\pi\iota\sigma\tau\tilde{\eta}\mu\alpha\iota$ und endlich durch die Idee des Schönen, durch das absolut Schöne erregt zu werden 210 B ff. Wie dies die höchste Stufe der Liebe ist, so hat auch hier der Unsterblichkeitstrieb die vollkommenste Gestalt angenommen: denn durch den Anblick des ideal Schönen begeistert, wird die Liebe im Menschen nicht bloß ein Scheinbild der Tugend sondern die wahre und echte Tugend erzeugen, und er selber dadurch sich den vollsten Anspruch auf Unsterblichkeit und Fortdauer seines besseren, geistigen Theils erwerben. Verglichen mit diesem weiten Umfang der Liebe, welcher die niedrigsten und höchsten Triebe des Menschen durch dasselbe Band verknüpft, muß das Gebiet, das ihr im Phädros zugewiesen wird, sehr beschränkt erscheinen. Während im Symposion auch die niedrigste sinnliche Form der Geschlechtsliebe von dem Namen und Begriff der Liebe nicht ausgeschlossen war, wird diese im Phädros offenbar zurückgewiesen. Denn nach dem Phädros ist es die Erinnerung an das ideal Schöne, welche die Liebe hervorruft und diese Erinnerung, deren wesentliches Kennzeichen die Ehrfurcht ist, welche der Liebende vor dem Geliebten empfindet, muß da sehr verdunkelt sein, wo die Liebe in jener sinnlichen Gestalt und Frechheit auftritt. Wir haben also darin weniger eine Art als eine Entartung oder unvollkommene Gestaltung der Liebe zu sehen vgl. 250 E: ὁ μὲν οὖν μὴ νεοτελὴς ἢ διεφθαρμένος οὐκ ὀξέως ἐνθένδε ἐκεῖσε φέρεται πρὸς αὐτὸ τὸ κάλλος, θεώμενος αὐτοῦ τὴν τῇδε ἐπωνυμίαν. ὥστ' οὐ σέβεται πρωσορῶν, ἀλλ' ἡδονῇ παραδοὺς τετράποδος νόμον βαίνειν ἐπιχειρεῖ καὶ παιδοσπορεῖν, καὶ ὕβρει προσομιλῶν οὐ δέδοικεν, οὐδ' αἰσχύνεται παρὰ φύσιν ἡδονὴν διώκων. Unvernünftigen Wesen vollends, den Thieren, kann die Liebe gar nicht zukommen, weil ihnen die erste Bedingung derselben, die Erinnerung an das ideal Schöne, vollständig abgeht 248 C: ὅταν δὲ ἀδυνατήσασα ἐπισπέσθαι μὴ ἴδῃ, καί τινι συντυχίᾳ χρησαμένη λήθης τε καὶ κακίας πλησθεῖσα βαρυνθῇ, βαρυνθεῖσα δὲ πτερορρυήσῃ τε καὶ ἐπὶ τὴν γῆν πέσῃ, τότε νόμος ταύτην (sc. τὴν ψυχήν) μὴ φυτεῦσαι εἰς μηδεμίαν θηρείαν φύσιν ἐν τῇ πρώτῃ γενέσει. 249 B: ἔνθα (bei der zweiten Genesis) καὶ εἰς θηρίου βίον ἀνθρωπίνη ψυχὴ ἀφικνεῖται, καὶ ἐκ θηρίου ὅς ποτε ἄνθρωπος ἦν πάλιν εἰς ἄνθρωπον. οὐ γὰρ ἥ γε μή ποτε ἰδοῦσα τὴν ἀλήθειαν εἰς τόδε ἥξει τὸ σχῆμα. 250 A: καθάπερ γὰρ εἴρηται, πᾶσα μὲν ἀνθρώπου ψυχὴ φύσει τεθέαται τὰ ὄντα, ἢ οὐκ ἂν ἦλθεν εἰς τόδε τὸ ζῶον. Im Symposion da-

2*

gegen wird den Thieren nicht minder als den Menschen die Liebe zuerkannt, und nachgewiesen, daß auch in ihrer Natur der gleiche Unsterblichkeitstrieb waltet, welcher das Wesen der Liebe ausmacht. 207 B ff. Hieran schließt sich am Besten eine Bemerkung über den Ursprung der Liebe. Während derselbe im Symposion in den Trieb des sterblichen Wesens nach Fortdauer und somit in die Begierde zu zeugen und zu gebären gelegt wird, wird im Phädros die Liebe aus dem Anblick des sinnlich Schönen und der damit verbundenen Erinnerung an das ideal Schöne hergeleitet. Die Liebe wird allerdings in beiden Dialogen in ein bestimmtes Verhältniß zum Schönen gesetzt, aber dieses Verhältniß ist in beiden Dialogen verschieden. Im Symposion ist das Schöne mehr der Anlaß, im Phädros das Ziel der Liebe. Nach dem Phädros ist die Liebe das Verlangen, welches den Liebenden treibt den ihm in sinnlicher Schönheit Entgegentretenden zu schmücken und zu verehren. Nach dem Symposion ist das Schöne mehr das Mittel und sein Zweck den Liebenden zu schönen Reden und Thaten zu begeistern.

Aber nicht bloß negativ, durch Ausschließen einer bestimmten Art, wird das Gebiet der Liebe im Phädros beschränkt. Wir haben gesehen, daß nach dem Symposion jede Art der Schönheit, gleichviel ob geistige oder sinnliche, die Liebe erregt, daß diese also sich nicht bloß auf schöne Körper, sondern auch auf schöne Seelen, ja auf Wissenschaften und Künste bezieht, deren Schönheit dem leiblichen Auge stets verborgen bleibt. Zumal die höchste und herrlichste Art der Schönheit, die Idee des Schönen selbst, der eben deßhalb auch die vollkommenste Art der Liebe entspricht, muß der sinnlichen Wahrnehmung stets verschlossen bleiben und kann nur mit dem schärfsten geistigen Auge erkannt werden. Dagegen wird im Phädros die Entstehung der Liebe bloß an die Schönheit geknüpft, soweit diese sinnlich wahrnehmbar ist; ja dies ist noch zu allgemein und die Liebe beschränkt sich auf die Schönheit, welche dem Auge sichtbar wird. Es ist ferner, anders als im Symposion, nicht sowohl die Schönheit als solche, durch welche die Liebe erregt wird, als das Ideal, welches in die sinnliche Erscheinung tritt. Weil aber von allen Idealen die Schönheit allein die Fähigkeit besitzt sich sinnlich zu offenbaren, so ist sie es auch allein, welche die Liebe im Menschen hervorruft. Danach kann weder die σωφροσύνη noch die δικαιοσύνη noch endlich die φρόνησις und die übrigen Herrlichkeiten der menschlichen Seele jemals Gegenstand unserer Liebe werden. Denn es geht ihnen das Vermögen ab sich unserem Auge sinnlich zu offenbaren, vgl 250 A ff.: ὀλίγαι δὴ λείπονται, αἷς τὸ τῆς μνήμης ἱκανῶς πάρεστιν. αὗται δὲ ὅταν τι τῶν ἐκεῖ ὁμοίωμα ἴδωσιν, ἐκπλήττονται καὶ οὐκέθ᾽ αὑτῶν γίγνονται, ὃ δ᾽ ἔστι τὸ πάθος ἀγνοοῦσι διὰ τὸ μὴ ἱκανῶς διαισθάνεσθαι. δικαιοσύνης μὲν οὖν καὶ σωφροσύνης, καὶ ὅσα ἄλλα τίμια ψυχαῖς, οὐκ ἔνεστι φέγγος οὐδὲν ἐν τοῖς τῇδε ὁμοιώμασιν, ἀλλὰ δι᾽ ἀμυδρῶν ὀργάνων μόγις αὐτῶν καὶ ὀλίγοι ἐπὶ τὰς εἰκόνας ἰόντες θεῶνται τὸ τοῦ εἰκασθέντος γένος. κάλλος δὲ τότ᾽ ἦν ἰδεῖν λαμπρόν, ὅτε — (nach einer längeren Einschiebung hieran wieder anknüpfend fährt Sokrates fort:) περὶ δὲ κάλλους, ὥσπερ εἴπομεν, μετ᾽ ἐκείνων τε ἔλαμπεν ὄν, δεῦρό τε ἐλθόντες κατειλήφαμεν αὐτὸ διὰ τῆς ἐναργεστάτης αἰσθήσεως τῶν ἡμετέρων στίλβον ἐναργέστατα. ὄψις γὰρ ἡμῖν ὀξυτάτη τῶν διὰ τοῦ σώματος ἔρχεται αἰσθήσεων· ᾗ φρόνησις οὐχ ὁρᾶται, δεινοὺς γὰρ ἂν παρεῖχεν ἔρωτας, εἴ τι τοιοῦτον ἑαυτῆς ἐναργὲς εἴδωλον παρείχετο εἰς ὄψιν ἰόν, καὶ τἆλλα ὅσα ἐραστά· νῦν δὲ κάλλος μόνον ταύτην ἔσχε μοῖραν, ὥστ᾽ ἐκφανέστατον εἶναι καὶ ἐρασμιώτατον. 251 B: δεξάμενος γὰρ τοῦ κάλλους τὴν ἀπορροὴν διὰ τῶν ὀμμάτων. Kann man nun auch mehre Arten sich denken, in denen die Schönheit sich sinnlich offenbart, so liegt doch zu Tage und ist durch die Natur der Sache gegeben, daß sie nur dann Liebe erzeugt, wenn sie sich im menschlichen Körper offenbart. Sokrates bestätigt dies ausdrücklich 251 A: ὁ δὲ ἀρτιτελής, ὁ τῶν τότε πολυθεάμων, ὅταν θεοειδὲς πρόςωπον ἴδῃ κάλλος εὖ μεμιμημένον, ἤ τινα σώματος ἰδέαν, πρῶτον μὲν ἔφριξε κ. τ. λ. Doch muß ich hinzufügen, daß wenn auch die Liebe nicht als philosophischer Trieb bezeichnet wird und wenn auch das dem Philosophen obliegende Geschäft, die Betrachtung der Ideen, nicht zur Liebe führen soll, doch eine enge Verwandtschaft zwischen philosophischer Thätigkeit und der Liebe angenommen wird. Auch die Philosophie ist ein Enthusiasmus und gehört zu jener allgemeinen Gattung der μανία, welche aus der Erinnerung an die Ideen entsteht und welcher die Liebe untergeordnet ist, da sie speciell aus der Erinnerung an die Idee des Schönen hervorgeht. Wenigstens glaube ich so 249 C f. verstehen zu müssen.

Aber zwei Ideale sind es, die der Mensch im Herzen trägt. Das eine ist ihm aus dem Anschauen der Idee erwachsen, das andere daraus, daß er in dem vorzeitlichen Leben der Schaar eines bestimmten Gottes zugesellt war. Von dem ersten Ideale haben wir schon gesehen, daß es sinnlich geoffenbart Grundbedingung der Liebe ist. Aber wir würden den Ursprung der Liebe noch viel zu allgemein fassen, wollten wir ihn in dem Anblicke körperlicher Schönheit überhaupt suchen. Eine zweite Bedingung der Liebe ist es vielmehr, daß der Geliebte dem Liebenden geistig verwandt sei, daß sie in ihren Strebungen und Neigungen sich ähnlich seien, oder wie dies Sokrates ausdrückt, daß sie im vorzeitlichen Dasein der Schaar eines und desselben Gottes angehörten. Nur so wenn beide nach Anlage und Streben das gleiche Lebensideal haben, dem sie bewußt oder unbewußt folgen, nur so kann eine wahre und fruchtbare Liebe entstehen vgl. 252 D: τόν τε οὖν ἔρωτα τῶν καλῶν πρὸς τρόπου (es ist vorher die Rede gewesen von dem verschiedenen Wesen der einzelnen Menschen, je nachdem sie in der Praeexistenz diesem oder jenem Gotte folgten) ἐκλέγεται ἕκαστος, καί ὡς θεὸν αὐτὸν ἐκεῖνον ὄντα ἑαυτῷ οἷον ἄγαλμα τεκταίνεταί τε καί κατακοσμεῖ, ὡς τιμήσων τε καί ὀργιάσων. οἱ μὲν δὴ οὖν Διός τινα εἶναι ζητοῦσι τὴν ψυχὴν τὸν ὑφ' αὑτῶν ἐρώμενον. σκοποῦσιν οὖν, εἰ φιλόσοφός τε καί ἡγεμονικὸς τὴν φύσιν, καί ὅταν αὐτὸν εὑρόντες ἐρασθῶσι, πᾶν ποιοῦσιν, ὅπως τοιοῦτος ἔσται. ebendas. 253 B: ὅσοι δ' αὖ μεθ' Ἥρας εἵποντο, βασιλικὸν ζητοῦσι, καί εὑρόντες περί τοῦτον πάντα δρῶσι τὰ αὐτά.

οἱ δὲ Ἀπόλλωνός τε καὶ ἑκάστου τῶν θεῶν οὕτω, κατὰ τὸν θεὸν ἰόντες, ζητοῦσι τὸν σφέτερον παῖδα πεφυκέναι κ. τ. λ. 250 B: κάλλος δὲ τότ᾽ ἦν ἰδεῖν λαμπρόν, ὅτε σὺν εὐδαίμονι χορῷ μακαρίαν ὄψιν τε καὶ θέαν, ἑπόμενοι μετὰ μὲν Διὸς ἡμεῖς, ἄλλοι δὲ μετ᾽ ἄλλου θεῶν. — So richtet sich die Liebe also nicht willkürlich auf den oder jenen schönen Körper, sondern auf einen bestimmten schönen Körper, welcher eine bestimmte, je nach der Natur der Liebenden so oder so geartete Seele umschließt. Im Symposion werden die verschiedenen Arten der geistigen Liebe in der Weise geordnet, daß die niedrigste Stufe diejenige ist, auf welcher dem Gegenstand der Liebe die engsten Grenzen gezogen sind. Auf der niedrigsten Stufe der Liebe aber befindet sich der Mensch, wenn seine Liebe nur einem einzigen schönen Körper gilt; es zeugt schon von einem Fortschritt, wenn er gelernt hat überhaupt schöne Körper zu lieben. Nun wird aber im Phädros noch unter diese Stufe, die im Symposion als die niedrigste gilt, hinabgegangen: denn, wie wir gesehen haben, auch der einzelne schöne Körper kann nicht willkürlich gewählt werden, die Liebe wird nicht durch einen beliebigen einzelnen schönen Körper, sondern nur durch einen solchen erregt, der eine eigenthümlich geartete Seele umschließt.

Aber die Liebe ist nicht allein ihrem Begriffe nach außerordentlich beschränkt und zu einem, man möchte fast sagen praedestinirten und rein persönlichen Verhältniß zweier Menschen geworden; es wird ihr auch in dieser Beschränkung ein Werth zuerkannt, welcher anderswo nur der Philosophie zukommt. Denn nicht bloß wird die Liebe als ein heiliges Verhältniß gefaßt, das es unrecht wäre schon in diesem Leben zu lösen; es wird auch den Liebenden zugestanden nach dem Tode als Seelen, vom Körper getrennt, gemeinsam fortzuleben, vgl. 266 A f.: ἐὰν μὲν δὴ οὖν εἰς τεταγμένην τε δίαιταν καὶ φιλοσοφίαν νικήσῃ τὰ βελτίω τῆς διανοίας ἀγαγόντα, μακάριον μὲν καὶ ὁμονοητικὸν τὸν ἐνθάδε βίον διάγουσιν, ἐγκρατεῖς αὑτῶν καὶ κόσμιοι ὄντες, δουλωσάμενοι μὲν ᾧ κακία ψυχῆς ἐνεγίγνετο, ἐλευθερώσαντες δὲ ᾧ ἀρετή·

τελευτήσαντες δὲ δή, ὑπόπτεροι καὶ ἐλαφροὶ γεγονότες, τῶν τριῶν παλαισμάτων τῶν ὡς ἀληθῶς Ὀλυμπιακῶν ἓν νενικήκασιν. ebb. D: φίλω μὲν οὖν καὶ τούτω, ἧττον δὲ ἐκείνων ἀλλήλοιν διά τε τοῦ ἔρωτος καὶ ἔξω γενομένω διάγουσι, πίστεις τὰς μεγίστας ἡγουμένω ἀλλήλοιν δεδωκέναι τε καὶ δεδέχθαι, ἃς οὐ θεμιτὸν εἶναι λύσαντας εἰς ἔχθραν ποτὲ ἐλθεῖν. ἐν δὲ τῇ τελευτῇ — — φανὸν βίον διάγοντας εὐδαιμονεῖν μετ' ἀλλήλων πορευομένους, καὶ ὁμοπτέρους ἔρωτος χάριν, ὅταν γένωνται, γενέσθαι. Was aber die Hauptsache ist, die Liebe soll sogar ein besonderes Anrecht auf die Unsterblichkeit und auf eine Belohnung im Jenseits gewähren. So heißt es 256 B von denen, deren Liebe auf Philosophie gegründet ist, daß ihren Seelen im Tode Flügel wachsen und daß sie bereits nach Vollendung des ersten irdischen Lebenslaufes den ersten der drei Kämpfe im Ringen nach der Unsterblichkeit bestanden haben. Wenn es dann mit Bezug auf diese letzten Worte heißt: οὐ μεῖζον ἀγαθὸν οὔτε σωφροσύνη ἀνθρωπίνη, οὔτε θεία μανία δυνατὴ πορίσαι ἀνθρώπῳ, so ist hierdurch angedeutet, daß sie den Vorzug, welcher ihnen nach dem Tode vor Anderen gewährt wird, nicht sowohl der Philosophie als der Liebesleidenschaft, die sich damit verband, verdanken. Freilich aber ist die philosophische Liebe allein die wahre und reine Liebe; denn nur in ihr ist das was das Wesen der Liebe ausmacht, die Erinnerung an die Ideen und Götter der Praeexistenz, dauernd und ungetrübt vorhanden. Wer also nicht der philosophischen Liebe, sondern einer anderen unvollkommneren Art der Liebe huldigt, kann nicht den gleichen Anspruch auf ein seliges Loos nach dem Tode erwerben. Doch sollen auch sie den Lohn ihrer Liebe empfangen vgl. 256 D: ἐν δὲ τῇ τελευτῇ ἄπτεροι μέν, ὡρμηκότες δὲ πτεροῦσθαι ἐκβαίνουσι τοῦ σώματος, ὥστε οὐ σμικρὸν ἆθλον τῆς ἐρωτικῆς μανίας φέρονται· εἰς γὰρ σκότον καὶ τὴν ὑπὸ γῆς πορείαν οὐ νόμος ἐστὶν ἔτι ἐλθεῖν τοῖς κατηργμένοις ἤδη τῆς ὑπουρανίου πορείας, ἀλλὰ φανὸν βίον διάγοντας εὐδαιμονεῖν μετ' ἀλλήλων πορευομένους, καὶ ὁμοπτέρους ἔρωτος χάριν, ὅταν γένωνται, γενέσθαι. Wie aber die Liebenden nach dem Tode der Lohn ihrer Liebe, so erwartet die Nichtliebenden die Strafe vgl. 256 E: ἡ δὲ ἀπὸ τοῦ μὴ ἐρῶντος οἰκειότης, σωφροσύνῃ θνητῇ κεκραμένη, θνητὰ δὲ καὶ φειδωλὰ οἰκονομοῦσα ἀνελευθερίαν ὑπὸ πλήθους ἐπαινουμένην ὡς ἀρετὴν τῇ φίλῃ ψυχῇ ἐντεκοῦσα, ἐννέα χιλιάδας ἐτῶν περὶ γῆν κυλινδουμένην αὐτὴν καὶ ὑπὸ γῆς ἄνουν παρέξει. Wahrscheinlich ist auch, daß Sokrates, der 248 D verschiedene Klassen der Menschen aufzählt, je nach dem Maße dessen, was die Seelen von den Ideen geschaut haben, in der ersten und höchsten derselben den Liebenden stellen wollte. Wenigstens müßte ich ihn sonst nicht unterzubringen; denn da die Liebe aus der lebhaften und deutlichen Erinnerung des im vorzeitlichen Leben Geschauten hervorgeht und deßhalb auch der Liebende 251 A ganz allgemein ὁ τῶν τότε πολυθεάμων genannt wird, so müßte er jedenfalls einer der höheren Klassen beigezählt werden. Dann giebt es aber keine passendere als die erste; denn unter dem φιλόκαλος, der hier genannt wird, könnte man ganz gut den Liebenden verstehen. Daß dabei auch noch unter den Liebenden Unterschiede gemacht werden, jenachdem sie der Schaar dieses oder jenes Gottes in der Praeexistenz angehörten, hat nichts auf sich; denn bis auf den einen Unterschied, welcher den philosophisch Liebenden von den übrigen trennt, ist keiner bemerkbar und wird von Sokrates als solcher bezeichnet, der nicht bloß einen qualitativen sondern auch einen Gradunterschied bedeutete. Jedenfalls würde eine Ansicht, die dies annähme und nun versuchte die verschiedenen Arten der Liebe so wie die verschiedenen Gottheiten, denen sie untergeordnet ist, mit jenen von Sokrates aufgezählten Klassen der Menschen auszugleichen, auf große Schwierigkeiten stoßen. So würden dann der Tyrann und Sophist, also die beiden letzten Stufen, welche die Menschheit einnimmt, bevor sie in die Thierheit übergeht, auf göttliche Urbilder, denen sie nachgebildet sind, zurückgeführt werden müssen. Auch das würde sein Bedenkliches haben, wenn doch die

einzelnen Klassen auf bestimmte Gottheiten zurückgehen sollen, von
denen sie ihren eigenthümlichen Typus empfangen haben, daß
gleich in der zweiten Klasse sich zwei Gottheiten, Hera und Ares,
um die Ehre des Besitzes streiten würden. Denn nach 253 B sind
es Genossen der Hera, die zu Geliebten solche wählen, die könig=
licher Natur sind, βασιλικοί, und ebenso gehört zur zweiten Klasse der
βασιλεὺς ἔννομος. Aber der πολεμικός, welcher gleichfalls zur
zweiten Klasse gerechnet wird, kann nicht wohl für einen Diener
der Hera, sondern muß nothwendig für einen Diener des Ares
gehalten werden. In ähnlicher Weise würde man auch gezwungen
sein die fünfte Klasse zwischen Apollo und Dionysos zu theilen;
denn jenem müssen nach 265 B die μαντικοί, diesem die τελεστικοί
beigesellt werden. Ja um dies Verhältniß der Götter zu den ein=
zelnen Lebensstufen genügend zu erklären, müßte man auch anneh=
men, daß schon in der Praeexistenz die Diener der einen Gottheit
mehr von den Ideen schauten als die der anderen. Sogar zwischen
den einzelnen Göttern selbst müßte man einen ähnlichen Unterschied
statuiren. Hiervon ist aber in der genauen Beschreibung des prae=
existenziellen Daseins keine Spur zu finden. Vielmehr gelangen
danach alle Götter gleichmäßig zum Schauen der Ideen 247 D und
unterscheiden sich nur durch die eigenthümliche Thätigkeit, die Jedem
zugewiesen ist vgl. 247 A: πολλαὶ μὲν οὖν καὶ μακάριαι θέαι
τε καὶ διέξοδοι ἐντὸς οὐρανοῦ, ἃς θεῶν γένος εὐδαιμόνων ἐπιστρέ-
φεται, πράττων ἕκαστος αὐτῶν τὸ αὑτοῦ. Vgl. auch 250 B, wo
unterschiedslos Alle, ob sie nun diesem oder jenem Gotte folgen,
das Anschauen der Ideen genießen. Sollen wir also verschiedene
Klassen von Menschen annehmen, je nachdem sie dem oder jenem
Gotte untergeordnet sind, so dürfen sich diese einzelnen Klassen auch
nicht durch das verschiedene Maß dessen unterscheiden, was sie von
den Ideen geschaut haben, sondern nur durch die verschiedene
Richtung ihrer Thätigkeit. Diese Bedingungen werden durch die
verschiedenen Arten der Liebenden erfüllt; denn, wie wir schon

sahen, werden sie ganz allgemein οἱ τῶν τότε πολυθεάμονες ge=
nannt.*)

Weil aber Alle die Ideen in gleichem Maße geschaut haben,
weil hierin die Anderen hinter dem Philosophen nicht zurückstehen,
darum werden auch Alle gleichmäßig von dem Anblick des sinnlich
Schönen berührt und zu verehrender Liebe erregt; denn Allen steigt
hierbei in gleicher Weise die Erinnerung an das ideal Schöne auf.
Wenn dann trotzdem die Philosophen während ihres Lebens zu
einer reineren und volleren Anschauung der Ideen gelangen, so
liegt dies nicht sowohl darin, daß die Erinnerung, welche sie in
dieses Leben mitbrachten, eine stärkere und reichere war, als daran,
daß sie diesen Erinnerungen ihre unausgesetzte Thätigkeit zuwandten,
daß sie dieselben mehr und mehr zu klären und zu festigen suchten.
So wird uns wenigstens das Verdienst des Philosophen, welches
ihn über die Schaar der Anderen hinaushebt und früher der himm=
lischen Seligkeit wieder zuführt, p. 249 C f. geschildert: διὸ δὴ
δικαίως μόνη πτεροῦται ἡ τοῦ φιλοσόφου διάνοια· πρὸς γὰρ
ἐκείνοις ἀεί ἐστι μνήμῃ κατὰ δύναμιν, πρὸς οἷσπερ θεὸς ὢν θεῖός
ἐστι. τοῖς δὲ δὴ τοιούτοις ἀνὴρ ὑπομνήμασιν ὀρθῶς χρώμενος,
τελέους ἀεὶ τελετὰς τελούμενος, τέλεος ὄντως μόνος γίγνεται.
ἐξιστάμενος δὲ τῶν ἀνθρωπίνων σπουδασμάτων καὶ πρὸς τῷ θείῳ
γιγνόμενος νουθετεῖται μὲν ὑπὸ τῶν πολλῶν ὡς παρακινῶν,
ἐνθουσιάζων δὲ λέληθε τοὺς πολλούς. Es ist nicht der reichere

---

*) Wenigstens darf man was 250 E von der sinnlichen, fälschlich so ge=
nannten Liebe gesagt wird, nicht auf die niederen Stufen der geistigen, eigent=
lich so genannten Liebe beziehen. Denn wenn der Hauptunterschied dieser und
jener in die Ehrfurcht gesetzt wird, welche der geistig Liebende vor dem Geliebten
empfindet und welche ihren Grund darin hat, daß in dem Geliebten ihm das
Bild eines Gottes erscheint, so findet dieses bedingende und wesentliche Moment
nicht minder auf jener niederen als auf der höchsten und reinsten Stufe der
geistigen Liebe statt. Heißt es doch — um statt langer Disputation die Sache
mit Platos eigenen Worten abzuthun — 252 D ganz allgemein und zusammen=
fassend von allen Liebenden: τόν τε οὖν ἔρωτα τῶν καλῶν πρὸς τρόπου ἐκλέγεται ἕκαστος, καὶ ὡς θεὸν αὐτὸν ἐκεῖνον ὄντα ἑαυτῷ οἷον ἄγαλμα τεκταίνεται
τε καὶ κατακοσμεῖ, ὡς τιμήσων τε καὶ ὀργιάσων.

Schatz von Erinnerungen, welcher dem Philosophen ins Leben mitgegeben wurde, es ist nur und ausschließlich die besondere Richtung seiner Thätigkeit, die den Vorzug des Philosophen vor allen Uebrigen begründet. Die Richtung seiner Thätigkeit aber wird bestimmt durch das Beispiel des Zeus, des Gottes, dessen Schaar er in dem vorzeitlichen Dasein zugesellt war und dem er nun als seinem Lebensideale nacheifert. Wie also Zeus, als der oberste der Götter, das Walten und Treiben der Einzelnen, deren Jedem nach seiner besonderen Neigung ein eigener Kreis der Thätigkeit zugewiesen ist, überwacht und ordnet, so hat der Philosoph als sein getreuer Diener sich der Philosophie ergeben als einer Thätigkeit, welche ebenfalls über allen anderen den Rang einer königlichen und herrschenden behauptet. Wenn nun also, um auf unser eigentliches Thema wieder zurückzukommen, verschiedene Arten und Formen des menschlichen Lebens unterschieden werden, in welche die Seelen je nach dem größeren oder geringeren Maße, das ihnen im Anschauen der Ideen vergönnt war, eintreten, so gehören die Liebenden überhaupt mit dem Philosophen und dem philosophisch Liebenden in dieselbe Klasse, da beide in Bezug auf dieses Maß sich völlig gleichstehen. Wenn dann der βασιλεὺς in der zweiten Klasse erwähnt wird und doch die Liebenden, welche als Diener der Hera βασιλικοί sind, nach dem Gesagten in die erste Klasse gehören, so ist dies kein Widerspruch. Denn es läßt sich recht wohl ein Unterschied zwischen beiden denken, wenn er auch von Sokrates nicht näher ausgeführt wird. Es ist nicht dasselbe, ob man eine Thätigkeit, einen Beruf wählt, weil man Freude und Lust an ihm hat, oder, ob man es thut, weil man dadurch gewisse Zwecke zu erreichen hofft. Während der Liebende und zwar der als βασιλικός Liebende rein seinem Ideale hingegeben ist und sein ganzes Streben nur darauf richtet dieses Ideal in dem Geliebten zu verwirklichen, geht das Streben des βασιλεὺς ἔννομος doch mehr auf persönliche und egoistische Zwecke. Es ist nicht die doppelte Liebe zu einem in der Seele liegenden Lebensideal und dem außer ihm verwirklichten Schönheitsideal, wie es ihm in dem

Geliebten entgegentritt, welche ihn begeistert und antreibt beide Ideale mit einander zu vereinigen, das eigene Lebensideal in dem Geliebten zur Erscheinung zu bringen. Doch wird man mir diesen Unterschied, den ich als möglich aufstellte, als wirklich erst zugeben, wenn ich auf ein anderes Princip, wodurch die Ordnung jener Stufenleiter bedingt ist aufmerksam gemacht habe. Dieses Princip ist die Größe und Weite der Zwecke, welche sich die Menschen auf den einzelnen Stufen menschlichen Daseins stecken. Darum steht der Tyrann auf der niedrigsten Stufe, weil er einzig und allein sein allerpersönlichstes eigenes Wohl und Wehe berücksichtigt, weil er sich nicht scheut Anderen zu schaden, sobald ihm selber daraus ein Nutzen erwächst. Dem Tyrannen am Nächsten steht verdientermaßen der Sophist; denn auch er erstrebt durch seine Künste nichts als persönlichen Vortheil. Auch der δημιουργικὸς und γεωργικὸς, wenn schon beide der menschlichen Gesellschaft nützlich, ja unentbehrlich sind, so werden sie doch nicht dadurch, sondern lediglich durch die Rücksicht auf den Erwerb bei ihrer Arbeit geleitet. Der Poet nimmt bereits eine höhere Stufe ein, weil er nach Ruhm und Ehre strebt und weil doch die Freude die er den Menschen gewährt auch für eine Wohlthat, die er ihnen erweist, gelten kann. Noch über ihm steht freilich der μαντικὸς und τελεστικὸς, weil er das Heil der Menschen, das körperliche und geistige, erstrebt. Doch mag auch von diesem Stande eine gewisse Erwerbsucht nicht ausgeschlossen gewesen sein und mag Sokrates zu den Erfolgen seiner Thätigkeit doch nicht das gehörige Zutrauen gehabt haben, da er ihm den γυμναστικὸς und den Arzt vorzieht. Ueber diesen steht natürlich noch der πολιτικὸς und οἰκονομικὸς, weil der Gegenstand seines Wirkens ein umfangreicherer, sein Zweck ein höherer ist und sich nicht bloß wie der des γυμναστικὸς oder Arztes auf das körperliche, sondern auch auf das geistige Wohl der Menschen, für die er thätig ist, erstreckt. Ein βασιλεὺς ἔννομος endlich, ein gesetzmäßiger Herrscher, muß schon sehr frei von Egoismus sein, daß er seine Allgewalt doch nur zum Heile seiner Unterthanen verwendet, und er muß einen sehr umfassenden weit ausschauenden Verstand besitzen, wenn er das Wohl seiner Unterthanen nicht bloß im Frieden, wie der πολιτικός, sondern auch im Kriege fördern will. Er hat hierdurch bereits eine Höhe erreicht, die nur noch von der des Philosophen und des wahrhaft Liebenden übertroffen wird, deren Blick dem Irdischen und Einzelnen gänzlich abgekehrt nur auf das Unendliche des Ideals gerichtet ist und die in der Hingabe an dieses Ideal keinerlei auch nur den geringsten Egoismus kennen. Man sieht also hieraus zur Genüge, daß Sokrates der Liebe einen eigenthümlichen Werth und eine solche Bedeutung beilegt, daß es uns auch nicht wundern kann, wenn er ihr nach dem Tode besondere Belohnungen, wie wir oben sahen, zuerkennt. Was den ersten Punkt betrifft die Unlösbarkeit und die ewige Dauer des Liebesverhältnisses, so ist deutlich, daß derselbe mit der Ansicht Platos im Symposion streitet; denn hier bildet jenes Liebesverhältniß nur eine der Vorstufen, welche zu jener letzten und höchsten, der Erkenntniß und begeisterten Verehrung des absolut Schönen führen. Die Liebe auf allen jenen Vorstufen ist aber nur vorübergehender Natur und der Mensch muß suchen die einzelnen möglichst rasch zu überwinden, damit er desto früher zur letzten und höchsten Stufe der Liebe gelangt, die er nie wieder verlassen soll. Ja es widerspricht diese Darstellung der Liebe als eines rein persönlichen ewigen Verhältnisses auch der Art und Weise, wie uns Plato den Sokrates schildert; denn da wir diesen zu keinem Einzelnen in einem engen und ausschließenden Verhältniß jener Art sehen, können wir auch nicht glauben, daß Plato in einem solchen ein Ideal der Liebe habe aufstellen wollen. Wohl aber zeigt uns Plato den Sokrates auf jener höchsten Stufe der Liebe, wenn er ihn uns im Symposion durch den Alcibiades als Muster der Tugend vorführen läßt. Noch weniger läßt sich mit Platos sonstiger Ansicht vereinigen, was er über das Anrecht sagt, welches die Liebe als solche auf ein seligeres Dasein nach dem Tode gewähren soll. Wir haben zwar genug Stellen, in denen dem Gerechten und Tugendhaften ein solcher Lohn versprochen

wird, aber keine außer der unsrigen, in welcher dieser Anspruch auf die
Liebe gegründet würde. Ja wäre die Liebe hier wie im Symposion als
der philosophische Trieb zum ideal Schönen definirt, so wäre nichts
einzuwenden, wenn aus ihr ein Anspruch des Menschen auf Belohnung
nach dem Tode abgeleitet würde; denn dann wäre mit dem Worte
„Liebe" auch nichts als jenes selbe Tugendstreben bezeichnet, das
anderwärts den Anspruch des Menschen auf die Seligkeit nach dem
Tode begründet. Nun habe ich aber zu zeigen versucht, in wie
eigenthümlicher Weise der Begriff „Liebe" in unserer Rede beschränkt
wird, nemlich so, daß er sich von einem bloßen Streben nach
Tugend sehr bestimmt unterscheidet. Und wenn ferner zugegeben
werden soll, daß auf der höchsten Stufe auch diese Liebe zu den=
selben Resultaten wie jenes Tugendstreben gelangt, so bleibt doch
immer auffallend und eigenthümlich, daß auch den niederen Formen
dieser Liebe, eben als Formen der Liebe eine Belohnung zuerkannt
wird.

Es ist also namentlich zweierlei, was uns in der Darstellung
der Liebe im Phädros gegenüber der Darstellung des Symposion
auffallen muß: die außerordentliche Beschränkung ihres Begriffes
und die Bedeutung und der Werth, welche diesem Verhältnisse trotz
seiner Enge und Beschränktheit beigelegt werden. Es frägt sich,
wie wir uns diese Verschiedenheit in Platos eigenen Ansichten zu
erklären haben. Man könnte mit einer Verschiedenheit seines Ent=
wickelungsstandpunktes antworten, wenn nicht eine andere Antwort
näher läge. Wir haben schon oben gesehen, daß Sokrates diese
Beschränkung der Liebe, insofern deren sinnliche Seite vollkommen
ausgeschlossen ist, als eine einseitige und durch den Zweck der Rede
bedingte bezeichnete. Wir sind also zunächst anzunehmen genöthigt,
daß auch die höheren, rein geistigen und unpersönlichen Arten der
Liebe aus einem ähnlichen Grunde ausgeschlossen werden. Da sie
aber nach dem Symposion die höchste und herrlichste Art der Liebe
darstellen, so mußte Sokrates, wenn er den Eros loben wollte, sie
vielmehr in den Umfang seines Begriffes mit aufnehmen als sie

davon ausschließen. In diesem Punkte wird nun die Verschiedenheit der Lobreden, welche im Symposion auf den Eros gehalten werden, von der im Phädros recht klar. Im Symposion soll der Eros gelobt werden ohne irgend welchen Nebenzweck; sein Begriff kann daher nicht weit genug gefaßt werden, auf daß seine überall hin sich verbreitende segensreiche Macht recht klar werde. Im Phädros wird der Eros gelobt von einem Liebenden, der durch dieses Lob den Geliebten für sich gewinnen will. Er kann also nicht den Eros im Allgemeinen, sondern muß die bestimmte Art desselben loben, welche ihn selbst erfüllt. Dies ist nun in dem gegebenen Falle offenbar nicht die durch die Idee des Schönen entzündete und auf die Tugend gerichtete Liebe, sondern ihrer ersten Entstehung nach keine andere, als die Liebe, welche der Anblick sinnlicher Körperschönheit erregt. Denn öfter wird die Schönheit des Jünglings, worunter natürlich bloß die körperliche zu verstehen ist, hervorgehoben, wie zu Anfang der ersten Rede 237 B und in der zweiten Rede 244 A. 252 B. Der Liebende mußte also in seiner Lobrede auf den Eros von der Liebe ausgehen als einem Triebe, welchen der Anblick sinnlicher Schönheit im Menschen weckt. Er mußte ferner darauf bedacht sein diese besondere Art der Liebe in jeder Weise zu empfehlen. Dies thut er zuerst dadurch, daß er ihr die Empfindung der Ehrfurcht beimischt, der heiligen Scheu, welche vor dem Geliebten wie vor einem Götterbild zurückweicht. Er thut dies, wie wir schon sahen, namentlich deßhalb um sie dadurch von der gemeinen, sinnlich frechen Liebe, die nur mit Unrecht ihren Namen führt, zu unterscheiden. Die Erklärung für diese Empfindung entnimmt er aus dem Ursprung der Liebe; denn diese soll in dem Ideale der Schönheit, welches aus dem Körper des Geliebten hervorleuchtet, ihren Grund haben. Diese Erklärung des Ursprungs der Liebe weicht, wie schon oben bemerkt, von der im Symposion gegebenen ab und nur so konnte die sinnliche Liebe, welche dort ebenfalls unter den Begriff der Liebe fällt, hier davon ausgeschlossen werden. Im Phädros soll der Geliebte durchaus als der Gegenstand, sein Wohl als das letzte Ziel der Liebe erscheinen. Es sollen jene entgegenstehenden Anschuldigungen zurückgewiesen werden, welche die Liebenden nur an ihren eigenen Vortheil denken lassen. Die Liebe durfte nicht aus egoistischen Motiven hergeleitet werden. Und doch würde dies geschehen sein, der Geliebte nur als das Mittel zum Zweck erscheinen, wenn die im Symposion gegebene Ableitung der Liebe hier beibehalten worden wäre. Zu einer weiteren Empfehlung der Liebe gelangt Sokrates dadurch, daß er sie als einen Trieb bezeichnet, der nicht möglich wäre ohne geistige Verwandtschaft des Liebenden und des Geliebten. Denn hieraus leitet sich einmal die Gemeinsamkeit der geistigen Interessen ab, welche zwischen dem Liebenden und dem Geliebten stattfindet, die Liebe ist es, welche die in Beiden schlummernden geistigen Anlagen weckt und bildet. Aus der gleichen Annahme leitet sich ab und bildet eine fernere Empfehlung der Liebe die Dauer und Beständigkeit derselben. Denn erst in dieser geistigen Verwandtschaft ist ein Mittel gegeben, welches die Liebe befähigt die Schönheit der Jugend zu überdauern und nur durch diese geistige Verwandtschaft wird es möglich die Liebe als ein Band darzustellen, das diesen bestimmten Liebenden an diesen bestimmten Geliebten bindet und jeden Wechsel ausschließt. Es erwächst endlich aus dieser geistigen Verwandtschaft nicht bloß eine Empfehlung, sondern sogar eine Pflicht für den Geliebten dem Liebenden zu willfahren. Denn es ist ihre Pflicht den Göttern, denen sie in dem vorzeitlichen Dasein zugesellt waren, wieder ähnlich zu werden, die Anlagen, die die Natur in sie gelegt, auszubilden, und Beides können sie nur mit Hülfe der Liebe. Es ist ihre Pflicht, wie sie in der Präexistenz in der gemeinsamen Anschauung des Gottes, dem sie folgten, verbunden waren, so sich in dem gemeinschaftlichen Streben nach demselben Lebensideale auch auf Erden wieder zu vereinigen. Um aber den Geliebten in seiner Pflichterfüllung zu bestärken, werden auch die Belohnungen nicht vergessen, die die Natur denen ausgesetzt hat, die ihren Forderungen nachkommen. Deßhalb wird die Liebe und die Liebesfähigkeit als ein besonderer Vorzug der Menschen dargestellt und soll die Liebe, wie wir gesehen haben, ein vorzügliches Anrecht auf ein seliges Leben nach dem Tode gewähren. Ja auch die Rücksicht wird auf die Liebe genommen, daß ihre Getreuen nach dem Tode nicht einzeln, sondern in Gemeinschaft fortleben. Die wahre Liebe soll eben als ein Verhältniß bezeichnet werden, das nur zwischen solchen stattfindet, die schon vor der Geburt in der engsten Verbindung standen, einer Verbindung, die auch nach dem Tode nicht aufhört und also von Ewigkeit zu Ewigkeit sich erstreckt. Wenn also die Abweichungen, welche sich in Platos Ansichten über die Liebe im Phädros finden, mit dem Zwecke der sokratischen Rede aufs Genauste übereinstimmen, wenn ein Theil derselben sogar nach seinem eigenen Ausspruche nur durch den Zweck der Rede gefordert ist, so kann kein Zweifel sein, daß überhaupt die Schilderung der Liebe eine durch den Zweck der Rede bedingte ist und daß wir in keiner Weise berechtigt sind hierin Platos wirkliche Meinung zu erblicken. So ist es ferner offenbar eine bloße Annahme, die Sokrates dem Zweck der Rede zu Gefallen macht, wenn er 250 B behauptet, er, der die Rolle des Liebenden spielt, und der Geliebte haben schon in der vorzeitlichen Existenz Beide der Schaar des Zeus angehört. Denn im Folgenden werden verschiedene Stufen der Liebe unterschieden und als die höchste die bezeichnet, auf welcher die Diener und Genossen des Zeus stehen. Es lag also für den Geliebten ein besonderer Antrieb zur Liebe darin, wenn er erfuhr, daß er durch seine Natur nicht zu einer der niederen, sondern zur höchsten und herrlichsten Art der Liebe angelegt sei. Ja wie steht es denn überhaupt mit jener Ableitung der geistigen Verwandtschaft zweier Liebenden? Wie steht es damit, daß sie in der Praeexistenz der Schaar eines und desselben Gottes zugesellt sein sollten? Ich möchte vermuthen, daß diese ganze Annahme von Sokrates nur gemacht wird um dadurch die geistige Verwandtschaft der beiden Liebenden zu einem heiligen und verpflichtenden Verhältniß zu erheben. Wenigstens ist jene Annahme des Sokrates eine solche, die sonst nicht wiederkehrt und mit der beschränkten Auffassung der Liebe, wie sie den Phädrosmythos durchzieht, aufs Engste verbunden ist. Ich muß hier endlich noch auf einen Punkt zurückkommen, den ich schon oben berührt habe. Ich habe bemerkt, daß mit der verschiedenen Auffassung des Wesens der Liebe auch eine verschiedene Auffassung des Wesens der Seele zusammenhange. In der zweiten Rede nun wird, wie ich gezeigt zu haben glaube, aller Liebe ein durchaus geistiger Ursprung gegeben; denn auch die niedrigste Form der Liebe, die eigentlich schon dieses Namens unwürdig ist und mehr eine Entartung als eine Art der Liebe bildet, wird doch auf die Erinnerung an das Schönheitsideal zurückgeführt vgl. 250 E. Es geschieht dies im Gegensatz zur ersten Rede, wo alle Liebe im Gegentheil rein körperlichen Ursprung haben soll. Nun ist aber die Liebe eine Leidenschaft, durch welche die Begierden des Menschen erregt werden. Auch Sokrates konnte dies nicht abläugnen und thut dies auch nicht in der Schilderung, welche er vom Wesen des Liebenden giebt 251 A ff. Ueberdies geht er ja auch von der Voraussetzung aus, daß die Liebe eine μανία ist. Sollte also die Liebe nicht doch zum Theil auf körperlichen Ursachen beruhen, so mußte auch die Begierde nicht aus einem körperlichen, sondern konnte bloß aus einem geistigen Grunde abgeleitet werden. In diesem Sinne wird denn auch die Entstehung der Liebe 253 E beschrieben. Denn hiernach ist es der Lenker des Seelengespanns, welcher zuerst den Eindruck der Liebe empfängt und sie den beiden anderen Theilen mittheilt. Die gleiche Abhängigkeit der beiden niederen von dem höheren Seelentheile erhellt aus 247 E; denn hier ist es der Wagenlenker, von dem die Seelenrosse ihre Nahrung empfangen vgl. 247 B: ᾧ μὴ καλῶς ἦν τεθραμμένος τῶν ἡνιόχων. Die Begierden also sind in der Weise an den herrschenden Geist gebunden, daß sie nicht bloß von ihm geleitet, sondern sogar genährt werden. Wie aber die Begierden hierdurch mit dem Geiste aufs Engste verbunden werden, so werden sie eben dadurch vom Körper getrennt. All das Gesagte ist nur die nähere Ausführung des einzigen Ausdrucks, mit dem Sokrates 246 A die Seele bezeichnet, wenn er sie eine ξύμφυτος δύναμις nennt. Ihre drei Theile sind aufs Engste mit einander verwachsen und bestehen in dieser Verbindung unabhängig vom Körper. Es ist also kein Widerspruch, wenn die Liebe einmal einen geistigen Ursprung haben und doch auch die Begierden in so heftiger Weise erregen soll; die enge Verbindung der einzelnen Theile macht es möglich, daß sie als eine vom Geiste ausgehende die ganze Seele beflügelnde und erregende Leidenschaft erscheint. Bei dieser eng verwachsenen und vom Körper unabhängigen Natur der Seele ist es bloß folgerecht, daß auch im Tode keiner ihrer Theile am Körperlichen haftet, sondern alle in gleicher Weise unsterblich sind. Nun steht aber diese Ansicht vom Wesen der Seele, welche im Phädros durch den ganzen Zusammenhang verbürgt wird, mit anderswo ausgesprochenen Ansichten Platos in Widerspruch. Denn die einzelnen Theile der Seele werden aufs Strengste von einander geschieden Rep. IV, 436 A ff.; ebenso im Tim. 44 D f. 72 D ff., wo den einzelnen Seelentheilen verschiedene Theile des Körpers als Sitz angewiesen werden. Nur dem höchsten Seelentheile kommt nach dem Tim. Unsterblichkeit zu vgl. 42 E. 69 D. Das Gleiche geht aus Rep. X, 611 A ff. hervor, namentlich 611 E zeigt, daß nur der höchste Theil der Seele ihr unsterbliches Wesen ausmacht, daß dagegen die beiden niederen sich erst nach seinem Eintritt in den Körper mit ihm verbunden haben. Die gleiche Anschauung liegt offenbar auch dem Phädon zu Grunde; wenigstens werden die Begierden auf rein körperlichen Ursprung zurückgeführt und das Wesen der Seele in die φρόνησις gesetzt vgl. 64 D ff. 66 B ff. 80 E f. 83 D f. 84 A und überhaupt den ganzen ersten Theil des Phädon. Ich habe versucht nachzuweisen, wie eng die Annahme einer nur geistigen Liebe im Phädrosmythos zusammenhängt mit der unauflöslichen Verbindung, in welche die niederen Seelentheile mit den höheren gesetzt werden. Eine Bestätigung hierfür gewährt die Thatsache, daß dieselben Begierden und Leidenschaften, wie sie im Gefolge der Liebe sind und im Phädros auf geistigen Ursprung zurückgehen, im

Phädon, Timäos und Republik aus körperlichen Gründen abgeleitet werden, daß ebenso die Liebe unter den sinnlichen Begierden aufgezählt wird vgl. Phädon 81 A: ἀγρίων ἐρώτων καὶ τῶν ἄλλων κακῶν τῶν ἀνθρωπείων. 83 B: ἐπειδάν τις σφόδρα ἡσθῇ ἢ φοβηθῇ ἢ λυπηθῇ ἢ ἐπιθυμήσῃ, — — ὃ πάντων μέγιστόν τε κακόν καί ἔσχατόν ἐστι, τοῦτο πάσχει. 66 C: ἐρώτων δὲ καὶ ἐπιθυμιῶν καὶ φόβων καὶ εἰδώλων παντοδαπῶν καὶ φλυαρίας ἐμπίπλησιν ἡμᾶς πολλῆς (sc. τὸ σῶμα). 81 B: ἅτε τῷ σώματι ἀεὶ ξυνοῦσα καὶ τοῦτο θεραπεύουσα καὶ ἐρῶσα καὶ γεγοητευμένη ὑπ' αὐτοῦ. Rep. IV, 439 D: τὸ δὲ ᾧ ἐρᾷ τε καὶ πεινῇ καὶ διψῇ καὶ περὶ τὰς ἄλλας ἐπιθυμίας ἐπτόηται ἀλόγιστόν τε καὶ ἐπιθυμητικόν, πληρώσεών τινων καὶ ἡδονῶν ἑταῖρον. Tim. 91 A ff. Dies ist charakteristisch, weil in denselben Dialogen die beiden niederen Seelentheile von dem höheren unsterblichen und göttlichen aufs Bestimmteste geschieden werden. Mit der Annahme der Liebe also als einer rein aus dem Geiste entspringenden Leidenschaft schwindet auch die Annahme jener unauflöslichen Verbindung, wie sie nach dem Phädros zwischen dem θυμὸς und den ἐπιθυμίαι einer- und dem herrschenden νοῦς andererseits stattfinden soll. In Folge dieser Abweichung des Phädros von drei anderen platonischen Schriften könnte man eine Entwickelung in Platos Ansichten über das Wesen der Seele annehmen. Doch liegt ein anderes Auskunftsmittel näher. Ich erinnere daran, daß diese Auffassung des Wesens der Seele als einer ungetheilten unsterblichen Kraft mit der eigenthümlichen Ansicht, welche Sokrates im Phädrosmythos vom Wesen der Liebe aufstellt, aufs Innigste verknüpft ist, einer Ansicht, die Sokrates selbst, wie ich gezeigt zu haben glaube, nur dem Zweck des Mythos zu Gefallen aufstellt, die er aber im Ernste schwerlich getheilt hat. Ich erinnere ferner daran, daß in gleicher Weise auch in der ersten Liebesrede die verschiedene Definition der Liebe eine verschiedene Definition der Seele zur Folge hat. Was liegt also näher, als diese Ansicht, die außerdem jedenfalls der populären Anschauung mehr entsprach, nicht für eine ernſt gemeinte, ſondern lediglich dem Zweck der Rede zu Gefallen aufgeſtellte zu halten?

Ich wollte (vgl. S. 15) von dem Rhetoriſchen reden, inſofern es in der Rückſicht liegt, welche die Darſtellungsform auf den Hörer oder Leſer und ein beſtimmtes ihr geſtecktes Ziel nimmt. Bis jetzt habe ich nur von dem Rhetoriſchen geredet, inſofern es in der Rückſicht liegt, welche auf den Zweck der Rede gerichtet iſt und Gedanken und Inhalt in eigenthümlicher Weiſe bedingt. Ich habe alſo noch von der Rückſicht zu ſprechen, welche auf die Natur des Hörers genommen wird. Finden wir nun eine ſolche Rückſicht auch in unſerer Rede? Man ſollte glauben „Nein" oder wenigſtens, daß ſie für uns nicht bemerkbar ſein müßte, weil über Natur und Weſen des ſchönen Jünglings, an den beide Reden des Sokrates gehalten ſind, nichts Beſtimmtes angegeben wird, da er überhaupt nur durch ſeine Schönheit und durch die vielen Liebenden, welche ſich um ihn drängen,' charakteriſirt erſcheint. Doch iſt zu bedenken, daß beide Reden in Gegenwart des Phädros gehalten werden, daß wie So= krates der Redner, ſo er der Hörer iſt. Schon aus dieſem Grunde ließe ſich alſo eine gewiſſe Rückſichtnahme auf die Natur des Phädros vermuthen. Aber es kommt noch ein beſtimmterer Grund hinzu: denn Sokrates bekennt ſelbſt in Bezug auf das Poetiſche der Rede in Worten und anderwärts auf den Phädros Rückſicht genommen zu haben vgl. 257 A: αὕτη σοί, ὦ φίλε Ἔρως, εἰς ἡμετέραν δύναμιν ὅ τι καλλίστῃ καὶ ἀρίστῃ δέδοταί τε καὶ ἐκτέτισται παλινῳδία, τά τε ἄλλα καὶ τοῖς ὀνόμασιν ἠναγκασμένη ποιητικοῖς τισι διὰ Φαῖδρον εἰρῆσθαι. Mit dieſer Angabe des Sokrates, daß er in der Rede auf die Natur des Phädros Rückſicht genommen, können wir uns begnügen; wollten wir uns dagegen darauf ein= laſſen näher zu beſtimmen, wie weit das Poetiſche und wie weit Platos eigene Anſicht reicht, ſo würden wir auf ein ſehr ſchlüpfriges Gebiet gerathen, da uns weder Platos Anſichten noch die Perſön= lichkeit und Natur des Phädros hinlänglich bekannt ſind. Die zeitgenöſſiſchen Leſer mochten hierüber genauer unterrichtet und alſo eher im Stande sein das Maß zu bestimmen, in dem jene zu Gunsten dieser aufgeopfert oder verändert sind. Genug, wenn es mir gelungen ist im Allgemeinen den rhetorischen Charakter des Mythos nachgewiesen zu haben; denn ein wesentlicher Theil des Inhalts ist durch den Zweck der Rede bedingt und in der Form soll nach Sokrates' eigener Angabe mit Rücksicht auf den Phädros Vieles poetisch sein.

Ebenso wie im Phädrosmythos, der ja nach seiner Bestimmung eine Musterrede ist, sind wir auch berechtigt in dem eschatologischen Mythos zum Schlusse des Phädon nach rhetorischen Bestandtheilen zu spüren. Dieses Recht leitet sich aus Sokrates' Worten ab, welcher 111 D sagt: τὸ μὲν οὖν ταῦτα διισχυρίσασθαι οὕτως ἔχειν, ὡς ἐγὼ διελήλυθα, οὐ πρέπει νοῦν ἔχοντι ἀνδρί· ὅτι μέντοι ἢ ταῦτ' ἐστὶν ἢ τοιαῦτ' ἄττα περὶ τὰς ψυχὰς ἡμῶν καὶ τὰς οἰκήσεις, ἐπείπερ ἀθάνατόν γε ἡ ψυχὴ φαίνεται οὖσα, τοῦτο καὶ πρέπειν μοι δοκεῖ καὶ ἄξιον κινδυνεῦσαι οἰομένῳ οὕτως ἔχειν· καλὸς γὰρ ὁ κίνδυνος, καὶ χρὴ τὰ τοιαῦτα ὥσπερ ἐπᾴδειν ἑαυτῷ· διὸ δὴ ἔγωγε καὶ πάλαι μηκύνω τὸν μῦθον. Sokrates verzichtet also darauf, das im Mythos dargestellte für volle Wahrheit zu geben; es genügt nach seiner Meinung, wenn durch solche Vorstellungen die Todesfurcht abgewehrt und der Mensch zu einem sittlich guten Leben angehalten wird. Den zweiten Theil des Satzes lese ich aus den Worten τοῦτο — οὕτως ἔχειν heraus; denn darum darf man es wagen sich jenen Vorstellungen hinzugeben, auch wenn sie weniger fest begründet sind, weil sie auf das sittliche Verhalten des Menschen von so gutem Einfluß sind und ihm auf alle Fälle eine sichere Bürgschaft für das Leben im Jenseits bieten. Den gleichen Gedanken spricht aber Sokrates ausdrücklich aus 114 C: ἀλλὰ τούτων δὴ ἕνεκα χρὴ ὧν διεληλύθαμεν, ὦ Σιμμία, πᾶν ποιεῖν, ὥστε ἀρετῆς καὶ φρονήσεως ἐν τῷ βίῳ μετασχεῖν· καλὸν γὰρ τὸ ἆθλον καὶ ἡ ἐλπὶς μεγάλη. Endlich scheint mir auch der Ausdruck ἐπᾴδειν, dessen sich Sokrates bedient, charakteristisch zu sein und darauf zu deuten, daß der

Mythos nicht bestimmt ist zu belehren und über das Dunkel des Jenseits aufzuklären, sondern durch Vorstellungen irgend welcher Art die ängstliche Todesfurcht zu beschwichtigen und in ausdauerndem Streben nach Tugend zu bestärken. Uebrigens erinnern die angeführten Worte des Sokrates an Phädr. 265 B f.; er bezeichnet hier in ähnlicher Weise die zweite Liebesrede als aus Wahrheit und Dichtung gemischt. Wie sich uns nun dies in der Untersuchung näher bestätigt hat, so könnte man hoffen auch im Phädon zu ähnlichen Resultaten zu gelangen. Doch würde dies so nur allgemeine Vermuthung bleiben, wenn diese Ansicht nicht dadurch bestimmtere Gestalt gewänne, daß in Bezug auf denselben Gegenstand sich zwischen dem mythischen und nichtmythischen Theile des Dialogs Widersprüche zeigten. Schon Zeller hat darauf aufmerksam gemacht; er sagt Philos. d. Gr. II, 1, 529 (2. Aufl.), nachdem er von dem Mythos p. 109 ff. geredet: „Mit diesem Abschnitt ist dann noch der frühere zu verbinden (80 ff.), welcher den Wiedereintritt der meisten Seelen in ein leibliches Leben, ein menschliches oder ein thierisches, als eine nothwendige Folge ihrer Anhänglichkeit an das Sinnliche behandelt; im Uebrigen läßt diese Darstellung nicht allein den Unterschied der gewöhnlichen und der philosophischen Tugend und seine Bedeutung für die Bestimmung der jenseitigen Zustände weit stärker, als jene, hervortreten, sondern sie enthält auch eine theilweise verschiedene Eschatologie; denn während nach den sonstigen Schilderungen die abgeschiedenen Geister unmittelbar nach dem Tode vors Gericht gestellt werden und erst nach tausend Jahren wieder einen Leib annehmen, so läßt diese die am Sinnlichen hängenden Seelen als Schatten um die Gräber schweben, bis sie ihre Begierde wieder in neue Leiber zieht." Es sind namentlich zwei Stellen, die in Betracht kommen 81 D: καὶ μέχρι γε τούτου πλανῶνται (αἱ τῶν φαύλων ψυχαί) ἕως ἂν τῇ τοῦ ξυνεπακολουθοῦντος τοῦ σωματοειδοῦς ἐπιθυμίᾳ πάλιν ἐνδεθῶσιν εἰς σῶμα und 83 D f.: οἴα (ψυχή) μηδέποτε καθαρῶς εἰς Ἅιδου ἀφικέσθαι, ἀλλ' ἀεὶ τοῦ σώματος ἀναπλέα ἐξιέναι, ὥστε ταχὺ πάλιν πίπτειν εἰς ἄλλο σῶμα καὶ ὥσπερ σπειρομένῃ ἐμφύεσθαι. — Dagegen sollen nach der Darstellung des Mythos alle Seelen nach dem Tode zunächst von ihrem Dämon an einen bestimmten Ort geführt werden, an dem über sie Gericht gehalten wird vgl. 107 D: λέγεται δὲ οὕτως, ὡς ἄρα τελευτήσαντα ἕκαστον ὁ ἑκάστου δαίμων, ὅσπερ ζῶντα εἰλήχει, οὗτος ἄγειν ἐπιχειρεῖ εἰς δή τινα τόπον, οἷ δεῖ τοὺς ξυλλεγέντας διαδικασαμένους εἰς Ἅιδου πορεύεσθαι μετὰ ἡγεμόνος ἐκείνου, ᾧ δὴ προςτέτακται τοὺς ἐν- θένδε ἐκεῖσε πορεῦσαι. 113 D: τούτων δὲ οὕτω πεφυκότων, ἐπειδὰν ἀφίκωνται οἱ τετελευτηκότες εἰς τὸν τόπον, οἷ ὁ δαίμων ἕκαστον κομίζει, πρῶτον μὲν διεδικάσαντο οἵ τε καλῶς καὶ ὁσίως βιώσαντες καὶ οἱ μή. Alle gelangen von hier aus an den ihnen durch den Urtheilsspruch zuerkannten Ort im Hades entweder der Strafe oder der Belohnung p. 113 D ff. Von hieraus kehren sie nach Ablauf einer bestimmten Zeit, nach abgebüßter Strafe oder nach erhaltener Belohnung, wieder zurück, um aufs Neue in einen Körper einzutreten vgl. 107 E: τυχόντας δ' ἐκεῖ ὧν δεῖ τυχεῖν καὶ μείναντας ὃν χρὴ χρόνον ἄλλος δεῦρο πάλιν ἡγεμὼν κομίζει ἐν πολλαῖς χρόνου καὶ μακραῖς περιόδοις. 112 E f.: ὃς (Ἀχέ- ρων) δι' ἐρήμων τε τόπων ῥεῖ ἄλλων καὶ δὴ καὶ ὑπὸ γῆν ῥέων εἰς τὴν λίμνην ἀφικνεῖται τὴν Ἀχερουσιάδα, οὗ αἱ τῶν τετελευτηκό- των ψυχαὶ τῶν πολλῶν ἀφικνοῦνται καί τινας εἱμαρμένους χρόνους μείνασαι, αἱ μὲν μακροτέρους, αἱ δὲ βραχυτέρους, πάλιν ἐκπέμπονται εἰς τὰς τῶν ζώων γενέσεις. Beide eschatologische Darstellungen unter- scheiden sich also dadurch, daß nach der ersten die Seele kurz nach dem Tode wieder in einen anderen Körper tritt, nach der zweiten, bevor sie dies thut, einen Zwischenzustand im Hades durchzumachen hat. Man könnte diese Verschiedenheit als keine beabsichtigte, son- dern zufällige und aus Nachlässigkeit entstandene betrachten, wenn sie vereinzelt dastünde und nur diesen einen Punkt beträfe. Ich glaube aber noch andere nachweisen zu können, wodurch diese Ver- schiedenheit nicht als eine zufällige, sondern nothwendige und durch den Zusammenhang geforderte erscheint. Unter dem Hades nämlich versteht die eine Darstellung etwas ganz Anderes als die andere. In der Darstellung des Mythos wird offenbar durch den Hades der Ort bezeichnet, an den die Seelen gelangen wenn sie an seinem Eingange gerichtet worden sind, und zwar ganz allgemein, der Ort der Strafe sowohl als des Lohnes vgl. 107 D: εἰς δή τινα τόπον, οἳ δεῖ τοὺς ξυλλεγέντας διαδικασαμένους εἰς Ἅιδου πορεύεσθαι μετὰ ἡγεμόνος ἐκείνου, ᾧ δὴ προςτέτακται τοὺς ἐνθένδε ἐκεῖσε πορεῦσαι. τυχόντας δ᾽ ἐκεῖ ὧν δεῖ τυχεῖν καὶ μείναντας κ. τ. λ. Der Eingang des Hades, an dem das Gericht stattfindet, wird unterschieden vom Hades selbst; denn es heißt, daß die Seelen erst, nachdem sie sich dort versammelt haben und gerichtet worden sind, in den Hades gehen (εἰς Ἅιδου πορεύεσθαι). Der Hades aber umfaßt sowohl den Ort, an dem die Guten belohnt, als den, an dem die Schlechten bestraft werden. Denn vor der angeführten Stelle heißt es von allen Seelen ohne Unterschied, daß sie durch ihren Dämon an den Ort des Gerichts geführt werden; von allen Seelen ohne Unterschied gilt also auch das Folgende, daß sie nach erfolgtem Urtheilsspruch in den Hades gelangen und hier eine jede empfangen, was ihnen gebührt. Auf der gleichen Voraussetzung beruht 107 D: οὐδὲν γὰρ ἄλλο ἔχουσα εἰς Ἅιδου ἡ ψυχὴ ἔρχεται πλὴν τῆς παιδείας τε καὶ τροφῆς, ἃ δὴ καὶ μέγιστα λέγεται ὠφελεῖν ἢ βλάπτειν τὸν τελευτήσαντα εὐθὺς ἐν ἀρχῇ τῆς ἐκεῖσε πορείας. Ebenso versetzt der Gorgias die Inseln der Seligen in den Hades vgl. 524 A. Anders steht es im ersten Theile. Hier wird der Hades als der Ort des Ueberfinnlichen der Sinnenwelt entgegengesetzt; weil nun die Seelen nach dem Tode jede an den Ort gelangen, der ihrer Natur entspricht, so kommen in den Hades nur die Seelen, welche sich von aller Befleckung des Körperlichen rein gehalten haben vgl. 81 A: οὐκοῦν οὕτω μὲν ἔχουσα (die sich von jeder körperlichen Befleckung rein gehalten hat) εἰς τὸ ὅμοιον αὐτῇ, τὸ ἀειδές, ἀπέρχεται, τὸ θεῖόν τε καὶ ἀθάνατον καὶ φρόνιμον, οἷ ἀφικομένῃ ὑπάρχει αὐτῇ εὐδαίμονι εἶναι, πλάνης καὶ ἀνοίας καὶ φόβων καὶ ἀγρίων ἐρώτων καὶ τῶν ἄλλων κακῶν τῶν ἀνθρωπείων ἀπηλλαγμένη, ὥσπερ δὲ λέγεται κατὰ τῶν μεμυημένων, ὡς ἀληθῶς τὸν λοιπὸν χρόνον μετὰ τῶν θεῶν διάγουσα. 80 D: ἡ δὲ ψυχὴ ἄρα, τὸ ἀειδές, τὸ εἰς τοιοῦτον τόπον ἕτερον οἰχόμενον, γενναῖον καὶ καθαρὸν καὶ ἀειδῆ, εἰς Ἅιδου ὡς ἀληθῶς, παρὰ τὸν ἀγαθὸν καὶ φρόνιμον θεόν. — Weſſen Seele aber mit Körperlichem befleckt iſt und ſich ſchon hier gewöhnt hat nur das Sinnliche zu lieben, das Ueberſinnliche aber zu fliehen und zu haſſen vgl. 81 B: τὸ δὲ τοῖς ὄμμασι σκοτῶδες καὶ ἀειδές, νοητὸν δὲ καὶ φιλοσοφίᾳ αἱρετόν, τοῦτο δὲ εἰθισμένη μισεῖν τε καὶ τρέμειν καὶ φεύγειν —, die ſoll auch nach dem Tode aus Furcht vor dem Hades d. h. dem Ueberſinnlichen in das Reich des Sinnlichen zurückgetrieben werden und hier um die Gräber irren, bis die Begierde des Sinnlichen ſie wieder in einen neuen Körper zieht vgl. 81 C: ὃ δὴ (τὸ σωματοειδές) καὶ ἔχουσα ἡ τοιαύτη ψυχὴ βαρύνεταί τε καὶ ἕλκεται πάλιν εἰς τὸν ὁρατὸν τόπον, φόβῳ τοῦ ἀειδοῦς τε καὶ Ἅιδου, ὥσπερ λέγεται, περὶ τὰ μνήματά τε καὶ τοὺς τάφους κυλινδουμένη, περὶ ἃ δὴ καὶ ὤφθη ἄττα ψυχῶν σκιοειδῆ φαντάσματα, οἷα παρέχονται αἱ τοιαῦται ψυχαὶ εἴδωλα, αἱ μὴ καθαρῶς ἀπολυθεῖσαι, ἀλλὰ τοῦ ὁρατοῦ μετέχουσαι, διὸ καὶ ὁρῶνται. Εἰκός γε, ὦ Σώκρατες. Εἰκὸς μέντοι, ὦ Κέβης· καὶ οὔ τί γε τὰς τῶν ἀγαθῶν ταύτας εἶναι, ἀλλὰ τὰς τῶν φαύλων, αἳ περὶ τὰ τοιαῦτα ἀναγκάζονται πλανᾶσθαι δίκην τίνουσαι τῆς προτέρας τροφῆς κακῆς οὔσης. καὶ μέχρι γε τούτου πλανῶνται, ἕως ἂν τῇ τοῦ ξυνεπακολουθοῦντος τοῦ σωματοειδοῦς ἐπιθυμίᾳ πάλιν ἐνδεθῶσιν εἰς σῶμα. Durch dieſe Bedeutung des Hades aber als des Ortes, an den nach dem Tode nur die Reinen und Guten gelangen, wird die Möglichkeit eines Zwiſchenzuſtandes, den alle Seelen bevor ſie in neue Körper eintreten hier durchzumachen hätten, ſelbſtverſtändlich ausgeſchloſſen. Eine Art Zwiſchenzuſtand freilich, in dem die Seele eines beſtimmten Körpers ledig iſt, den früheren verlaſſen und einen andern noch nicht gefunden hat, nimmt auch Plato an. Doch läßt er denſelben nur kurze Zeit dauern und nicht an einem beſonderen Orte unter oder über der Erde ſtattfinden. In Ermangelung einer anderen Bezeichnung nennt er diesen kürzeren Zwischenzustand, in den die Seele nach dem Tode tritt und worin sie bis zu einem gewissen Grade ohne Körper existirt, den Hades vgl. 83 D: οἷα μηδέποτε καθαρῶς εἰς Ἅιδου ἀφικέσθαι. Nur dieser Zwischenzustand, kein anderer kann Tim. 44 C gemeint sein, wenn es hier heißt: καταμελήσας δέ, χωλὴν τοῦ βίου διαπορευθεὶς ζωήν, ἀτελὴς καὶ ἀνόητος εἰς Ἅιδου πάλιν ἔρχεται. Denn schon πάλιν zeigt, daß unter Hades Nichts als ein körperloser Zustand zu verstehen ist. Man vergegenwärtige sich ferner, welche Bedeutung dieser Zwischenzustand hat. Er soll offenbar die Seelen nach ihrem Verdienst bestrafen oder belohnen. Nun wird dasselbe aber im ersten Theile des Phädon auch ohne diesen Zwischenzustand erreicht. Oder ist nicht schon aus den angeführten Worten klar geworden, daß die Strafe der unreinen Seelen eben in der Gewalt liegt, welche sie an das Sinnliche fesselt und bald nach dem Tode wieder in neue Körper zieht, während die reinen von allem Körperlichen befreit und mit dem Göttlichen vereinigt werden sollen? Geht dasselbe endlich nicht aus der Aufzählung der einzelnen verschiedenen Körperformen hervor, welche die Seelen je nach dem Grade, in dem sie von Körperlichem befleckt sind, annehmen sollen? Oder aus welchem anderen Grunde werden alle bis auf die höchste Klasse in Thierleiber gebannt vgl. 81 E ff., als damit sie so die ihnen gebührende Strafe erhalten?

Es scheint mir, daß wer diese verschiedenen Punkte mit einander vergleicht, nicht zweifeln kann, daß wir im ersten Theile des Phädon in Bezug auf die Schicksale der Seelen nach dem Tode nicht bloß vereinzelte zufällige Ungleichheiten, sondern eine durchgeführte Verschiedenheit der Ansicht haben. Unser Urtheil wird noch weiter bestätigt durch die Uebereinstimmung, welche in diesen Punkten zwischen dem ersten Theil des Phädon und dem Timäos zu bestehen scheint. Auch hier wird eines Zwischenzustandes im Hades nicht Erwähnung gethan. Es werden sich die Schicksale der Guten und Schlechten nach dem Tode gegenübergestellt. Die Guten sollen, sobald sie ihres Körpers ledig sind, auf ihren Stern zurückkehren um dort in gewohnter Weise ein glückliches Leben zu führen, die Schlechten aber sollen nicht, wie man erwarten sollte, in die Unterwelt kommen und an irgend einem Orte derselben ihre Strafe abbüßen, sondern bei der zweiten Geburt in einen weiblichen Körper, bei den folgenden im Falle zunehmender Verschlechterung in immer niedrigere Körperformen und zwar in Thierleiber eingehen. Wie die Rückkehr der Guten auf ihren Stern deren Lohn war, so ist das Eingehen der Schlechten in einen neuen Körper ihre Strafe vgl. 42 B ff.: καὶ ὁ μὲν εὖ τὸν προςήκοντα βιοὺς χρόνον, πάλιν εἰς τὴν τοῦ ξυννόμου πορευθεὶς οἴκησιν ἄστρου, βίον εὐδαίμονα καὶ συνήθη ἕξοι· σφαλεὶς δὲ τούτων εἰς γυναικὸς φύσιν ἐν τῇ δευτέρᾳ γενέσει μεταβαλοῖ· μὴ παυόμενος δὲ ἐν τούτοις ἔτι κακίας, τρόπον ὃν κακύνοιτο, κατὰ τὴν ὁμοιότητα τῆς τοῦ τρόπου γενέσεως εἴς τινα τοιαύτην ἀεὶ μεταβαλοῖ θήρειον φύσιν, ἀλλάττων τε οὐ πρότερον πόνων λήξοι, πρὶν τῇ ταὐτοῦ καὶ ὁμοίου περιόδῳ τῇ ἐν αὑτῷ ξυνεπισπόμενος τὸν πολὺν ὄχλον καὶ ὕστερον προςφύντα ἐκ πυρὸς καὶ ὕδατος καὶ ἀέρος καὶ γῆς, θορυβώδη καὶ ἄλογον ὄντα, λόγῳ κρατήσας εἰς τὸ τῆς πρώτης καὶ ἀρίστης ἀφίκοιτο εἶδος ἕξεως. Wie Plato diese Theorie dann im Einzelnen durchführt, in welche verschiedene Körperformen er die Seelen nach Maßgabe ihrer Würdigkeit eingehen läßt, darüber vgl. p. 90 E. 91 E ff. Auf das Einzelne hierin hat Plato offenbar selbst kein Gewicht gelegt, deßhalb sind die Angaben des Timäos hierüber von denen des Phädon verschieden. Im Timäos ist es das größere oder geringere Maß des Verstandes, wonach er die höheren oder niederen Körperformen auswählt, im Phädon das ἦθος vgl. Tim. 92 B und Phäd. 81 E. Im Einzelnen und Unwesentlichen mögen sie deßhalb von einander abweichen, in der Hauptsache, daß sie keine Strafe in der Unterwelt, sondern durch Seelenwanderung annehmen, stimmen beide überein. Auf die Weise wie sich die Schicksale der Guten, welche nach dem Tode auf ihren Stern zurückkehren, und der Schlechten, welche an das Körperliche gefesselt in neue Formen desselben eingehen, gegenübergestellt werden, habe ich schon aufmerksam gemacht. Dazu kommt, daß in der angeführten Stelle 42 C ausdrücklich die Wanderungen der Seele durch die verschiedenen Körper als πόνοι bezeichnet und dadurch ganz bestimmt als Strafe charakterisirt werden. Der erste Theil des Phädon und der Timäos nun unterscheiden sich schon darin von anderen eschatologischen Darstellungen, wie der Republik und des Phädros, in denen zwar ebenfalls der Seelenwanderung, aber nur in Verbindung mit Zwischenzuständen im Hades Erwähnung geschieht, daß es fast nur thierische Leiber sind in die sie die Seelen eingehen lassen. Schon hieraus geht, wie gesagt, hervor, daß sie mehr als jene die Seelenwanderung als eine Strafe betrachteten. Dazu kommt nun noch ein anderer Punkt, der jenen beiden eigenthümlich ist und sie von anderen unterscheidet. In der Republik und im Phädros wird die neue Körperform, in welche die Seelen eintreten, ihrer freien Wahl und dem Loose anheimgestellt. Im ersten Theil des Phädon und dem Timäos dagegen ist den Seelen hierin keine Freiheit gelassen und die Bestimmung des Körpers, in welchen eine Seele eintritt, erfolgt nach dem unverbrüchlichen allgemeinen Gesetze, daß nur Aehnliches sich zum Aehnlichen findet und daß also auch jede Seele nur den Körper annimmt, der ihr nach ihrer Natur und Beschaffenheit gebührt. Das Gesetz, wonach Aehnliches sich zum Aehnlichen gesellt, läßt im ersten Theil des Phädon die Guten zu den Göttern eingehen und führt im Timäos die reinen Seelen auf ihren Stern zurück und dasselbe Gesetz hält an beiden Stellen die unreinen Seelen in der Körper- und Sinnenwelt gebunden. Die gleiche Nothwendigkeit herrscht nun allerdings auch in den eschatologischen Darstellungen der Republik, des Phädros und ebenso des Mythos im zweiten Theile des Phädon, doch nicht in Bezug auf die Seelenwanderung, sondern in Bezug auf die verschiedenen Oerter, welche die einzelnen Seelen im Hades einnehmen. Streng nach Verdienst wird über die einzelnen Seelen abgeurtheilt und ihnen der Ort bestimmt, an dem sie entweder ihren Lohn oder ihre Strafe erhalten sollen. Dieselbe göttliche Gerechtigkeit, dieselbe unwiderstehliche Nothwendigkeit, welche aus dem Munde des Todtenrichters spricht und die ärgsten Sünder in den Tartaros verstößt, ist es auch, die im ersten Theile des Phädon und im Timäos den unreinsten Seelen die niedrigsten Formen des thierischen Leibes anweist. Die Lehre von der Seelenwanderung tritt also in diesen beiden Stellen geradezu an die Stelle der Darstellungen der Unterwelt; es würde daher verkehrt sein, wenn man jene im ersten Theil des Phädon und im Timäos durch die anderwärts geschilderten Zwischenzustände im Hades ergänzen wollte. Beide müssen vielmehr als verschiedene Auffassungen derselben Sache gelten und bestehen selbstständig neben einander.

Nun beginnt aber für uns erst die Schwierigkeit. Denn wie soll man es sich erklären, daß uns diese beiden grundverschiedenen Auffassungen im Laufe eines und desselben Dialogs, ausgesprochen als Ansichten einer und derselben Person, des Sokrates, begegnen? Hier hilft uns das Rettungsmittel Nichts eine Entwickelung in Platos philosophischen Meinungen zu statuiren und diesen einzelnen Fall als ein neues Beispiel dafür zu betrachten. Doch sehen wir einmal genauer zu, in welchem Zusammenhange diese verschiedenen Auffassungen erscheinen. Die erste ist das folgerechte Ergebniß einer längeren Erörterung, in der zwischen einem übersinnlichen und einem sinnlichen Reich unterschieden und die übersinnliche Natur der Seele festgestellt wurde p. 79 ff. Die zweite Auffassung dagegen entwickelt sich nicht folgerichtig und mit Nothwendigkeit aus dem Vorhergehenden, sondern setzt dasselbe nur voraus. Es wird dem Vorhergehenden zu Folge angenommen, daß die Seele unsterblich ist, welches aber nach dem Tode ihre Schicksale sind, wird nicht aus der Natur der Seele, sondern aus alter Ueberlieferung und Sage abgeleitet. An Stelle des festen Grundes und Bodens, auf dem das Wissen sich aufbaut, treten nothdürftige Stützen der Autorität, höchstens im Stande den Glauben in den Seelen der Menschen zu begründen. Wie kam aber Sokrates dazu in dieser Weise

plötzlich vom festen Boden des Wissens auf den schwankenden des
Glaubens überzuspringen? Es sind offenbar zweierlei Gründe.
An die bisher gewonnenen, wissenschaftlich gesicherten Resultate kann
er nicht anknüpfen. Denn noch eben 107 A f. hatte Simmias sein
Mißtrauen in dieselben ausgesprochen und Sokrates ihm gerathen
sich später den Gang der Erörterung noch einmal und öfter zu ver=
gegenwärtigen, damit er schließlich noch die volle Gewißheit der
Ueberzeugung gewinne. Was also in den Seelen seiner Hörer noch
nicht feststand, daran ließ sich auch Nichts anknüpfen. Und doch
sehen wir aus dem, was Sokrates 114 D f. sagt, wieviel ihm
daran lag seine Hörer im Streben nach der Tugend zu bestärken
und durch das Bewußtsein desselben von jeder Todesfurcht zu be=
freien. Worauf sollte er nun diese Ermahnung gründen? Der
Boden wissenschaftlicher Ueberzeugung war ihm durch das kund=
gegebene Mißtrauen des Simmias entzogen. Er mußte also einen
neuen Boden, eine andere Stütze für seine Ermahnung suchen und
fand sie in den oben angeführten Autoritäten. Wir haben also
zwei Auffassungen einer und derselben Sache, die eine, welche sich
folgerichtig und mit rücksichtsloser Nothwendigkeit aus wissenschaftlich
gesicherten Voraussetzungen entwickelt, die andere, welche einem be=
stimmten Zwecke dient und diesem zu Liebe auf unsichere Autoritäten
gegründet wird. Wenn also zwischen diesen beiden Auffassungen
Unterschiede stattfinden, Unterschiede so bedeutender Art, daß sie
dem Sokrates selbst unmöglich verborgen geblieben sein können, so
können wir über den Werth, der jeder dieser beiden verschiedenen
Auffassungen zukommt, nicht im Unklaren sein. Es versteht sich
vielmehr von selber, daß wir Sokrates' eigene Ueberzeugung nur in
der Auffassung erkennen werden, welche einfach ohne jede fremde
Rücksicht und mit Nothwendigkeit aus bestimmten und gesicherten
Voraussetzungen gefolgert ist. Dagegen werden wir die Abweichungen,
welche sich von dieser in der zweiten finden, auf Rechnung des be=
stimmten Zweckes setzen, dem dieselbe dient.

Doch bestätigt die Erfahrung diese Schlüsse, und wie stellt sich im Einzelnen das Verhältniß beider Auffassungen zu einander? Worin gleichen sie sich und worin weichen sie von einander ab? Denn daß sie sich einander gleichen, müssen wir daraus abnehmen, daß nach Sokrates' Worten 114 D das im Mythos Vorgetragene oder doch was diesem ähnlich ist, die Wahrheit enthält. Sie gleichen sich nun zunächst darin, daß in beiden eine Bestrafung und eine Belohnung der Seelen nach dem Tode angenommen wird. Ob eine Seele bestraft oder belohnt wird, richtet sich in beiden durchaus nach der Beschaffenheit der Einzelnen und ebenso ist die besondere Art der Strafe und des Lohnes durchaus der Natur und Eigenthümlichkeit der betreffenden Seele angemessen. Diese Gerechtigkeit wird in der ersten Darstellung durch das Gesetz hergestellt, wonach das Aehnliche sich zum Aehnlichen findet vgl. 81 A 82 B 114 C, in der zweiten durch Annahme eines Todtengerichtes, welches ohne Rücksicht auf äußeren Glanz auf Stellung und Würde im Leben ausschließlich und allein nach dem inneren Werth des Menschen, dem Adel und der Reinheit seiner Seele urtheilt und nach Maß derselben ihr diesen oder jenen Ort im Hades anweist. Es ist die eigene Natur und Beschaffenheit der Seele, wodurch dieselbe einem das Aehnliche mit dem Aehnlichen verbindenden Gesetze unterworfen wird, es ist der jeder einzelnen Seele zugetheilte besondere Dämon, der dieselbe vor den Todtenrichter führt. Mit derselben Unerbittlichkeit und Strenge ferner wie der Urtheilsspruch des Todtenrichters wirkt das Gesetz der Aehnlichkeit. Aber auch die verschiedenen Stufen, die zu Folge dieser Gerechtigkeit in beiden Darstellungen unter den Menschen gesondert werden, sind in beiden Darstellungen wesentlich dieselben. Wesentlich werden nämlich drei unterschieden. Zu oberst stehen die Philosophen; denn ihre Seelen, die vollkommen reinen, entschweben nach dem Tode zu den Göttern in das Reich des Uebersinnlichen und Körperlosen. Sie sind frei von allem Körperlichen. Dagegen bleiben die Seelen derer, die während des Lebens sich nicht von jeder körperlichen Befleckung rein erhielten, auch nach dem Tode mehr oder minder an das Körperliche und sein Gebiet gefesselt. Den Philosophen am Nächsten stehen Alle, die zwar ein gerechtes und besonnenes Leben geführt haben, dabei aber nicht durch Erkenntniß und Wissen, sondern durch Gewohnheit und Meinung geleitet wurden. Sie sollen nach dem Tode von Allen, deren Seelen durch Sinnlichkeit befleckt sind, das seligste Loos erlangen vgl. 82 A f.: οὐκοῦν, ἦ δ᾽ ὅς, δῆλα δὴ καὶ τἆλλα, οἷ ἂν ἑκάστῃ ἴοι κατὰ τὰς αὐτῶν ὁμοιότητας τῆς μελέτης; Δῆλον δή, ἔφη· πῶς δ᾽ οὔ; Οὐκοῦν εὐδαιμονέστατοι, ἔφη, καὶ τούτων εἰσὶ καὶ εἰς βέλτιστον τόπον ἰόντες οἱ τὴν δημοτικὴν καὶ πολιτικὴν ἀρετὴν ἐπιτετηδευκότες, ἥν δὴ καλοῦσι σωφροσύνην τε καὶ δικαιοσύνην, ἐξ ἔθους τε καὶ μελέτης γεγονυῖαν ἄνευ φιλοσοφίας τε καὶ νοῦ. 114 B: οἳ δὲ δὴ ἂν δόξωσι διαφερόντως πρὸς τὸ ὁσίως βιῶναι, οὗτοί εἰσιν οἱ τῶνδε μὲν τῶν τόπων τῶν ἐν τῇ γῇ ἐλευθερούμενοί τε καὶ ἀπαλλαττόμενοι ὥσπερ δεσμωτηρίων, ἄνω δὲ εἰς τὴν καθαρὰν οἴκησιν ἀφικνούμενοι καὶ ἐπὶ τῆς γῆς οἰκιζόμενοι. Daß in beiden Darstellungen dieselben gemeint sind, geht aus den angeführten Stellen zur Genüge hervor: denn in beden Darstellungen verdienen sie sich ihren Lohn durch einen tugenhaften Lebenswandel und in beiden Darstellungen werden sie zwar noch unter die Philosophen gestellt, jedoch als die Nächsten im Range bezeichnet. Mit Recht erwartet sie also auch nach beiden Darstellungen im Tode das verhältnißmäßig beste Loos. Die nähere Bestimmung dieses Looses ist nun zwar in beiden Darstellungen eine verschiedene, doch wenigstens darin übereinstimmend, daß es in beiden Darstellungen nicht über einen Zustand höherer Sinnlichkeit hinausreicht. Denn nach 82 B sollen sie die Leiber geselliger und gut gearteter Thiere annehmen oder sogar als Menschen und zwar als gute, tüchtige Menschen (ἄνδρες μέτριοι) wieder geboren werden. Auf die Frage des Kebes: πῇ δὴ οὗτοι εὐδαιμονέστατοι; antwortet Sokrates: ὅτι τούτους εἰκός ἐστιν εἰς τοιοῦτον πάλιν ἀφικνεῖσθαι πολιτικόν τε καὶ ἥμερον γένος, ἤ που μελιττῶν ἢ σφηκῶν ἢ μυρμήκων, ἢ καὶ εἰς ταὐτόν γε πάλιν τὸ ἀνθρώπινον γένος, καὶ γίγνεσθαι ἐξ αὐτῶν ἄνδρας μετρίους. Nun wird zwar im Mythos, der zweiten eschatologischen Darstellung, eine bei Weitem glänzendere Darstellung des seligen Looses gegeben, das die Tugendhaften und Gerechten nach dem Tode erwartet; doch läßt sich auch hier bei genauerem Zusehen nicht verkennen, daß es nur ein Zustand höherer und reinerer Sinnlichkeit ist, in den die Seelen nach dem Tode eintreten. Man vgl. nur die Schilderung 110 B ff. Alles was die Seelen schon aus diesem Leben kannten, tritt ihnen dort wieder entgegen, nur schöner, glänzender, reiner. Alles ist dem irdischen Leben analog gebildet, das Land mit seinen Bergen, das Meer mit seinen Inseln, die Pflanzen mit all ihren Blüthen und Früchten. Auch Thiere, ζῶα, werden genannt. Aber Alles erscheint in reinerer, glänzenderer Gestalt, gleich wie an Stelle der dicken trüben Nebelluft, welche unsere irdische Höhle füllt, der heitere klare Aether getreten ist. Und wodurch sollen die Menschen, die dort oben leben, ausgezeichnet sein? Sokrates sagt 111 B: τὰς δὲ ὥρας αὐτοῖς κρᾶσιν ἔχειν τοιαύτην, ὥστε ἐκείνους ἀνόσους εἶναι καὶ χρόνον τε ζῆν πολὺ πλείω τῶν ἐνθάδε καὶ ὄψει καὶ ἀκοῇ καὶ φρονήσει καὶ πᾶσι τοῖς τοιούτοις ἡμῶν ἀφεστάναι τῇ αὐτῇ ἀποστάσει, ᾗπερ ἀήρ τε ὕδατος ἀφέστηκε καὶ αἰθὴρ ἀέρος πρὸς καθαρότητα. καὶ δὴ καὶ θεῶν ἄλση τε καὶ ἱερὰ αὐτοῖς εἶναι, ἐν οἷς τῷ ὄντι οἰκητὰς θεοὺς εἶναι, καὶ φήμας τε καὶ μαντείας καὶ αἰσθήσεις τῶν θεῶν καὶ τοιαύτας ξυνουσίας γίγνεσθαι αὐτοῖς πρὸς αὐτούς· καὶ τόν γε ἥλιον καὶ σελήνην καὶ ἄστρα ὁρᾶσθαι ὑπ' αὐτῶν οἷα τυγχάνει ὄντα, καὶ τὴν ἄλλην εὐδαιμονίαν τούτων ἀκόλουθον εἶναι. Also im Wesentlichen nur durch solche Vorzüge, wie sie eine verfeinerte ausgebildete Sinnlichkeit mit sich bringt. Darum heißt es auch von den Philosophen allein ausdrücklich, daß sie nach dem Tode ἄνευ σωμάτων fortexistiren sollen 114 C. Und bedeutet nicht das schon ein Kleben an der Sinnlichkeit, wenn die Seelen nicht über die Erde hinausbringen, sondern auf ihrer Oberfläche bleiben? Besagt also die zweite mythische Darstellung trotz der Pracht ihrer Schilderung etwas Anderes als was schon die erste nüchterner, einfacher ausdrückte: Die Seelen derer, welche sich im Leben noch nicht von aller Sinnlichkeit losgearbeitet, nicht schon hier alle Schranken des Körperlichen durchbrochen haben, sollen auch nach dem Tode nicht ganz davon befreit werden, sondern in einen besseren Zustand zwar als die Uebrigen aber doch auch in einen Zustand der Sinnlichkeit eintreten? Ja es läßt sich diese feinere Sinnlichkeit noch näher bestimmen. Es scheint nämlich, daß Plato darunter einen Zustand sich dachte, in dem nur der Sinn des Auges und des Ohres wirken. Wenigstens werden 111 B nur diese beiden genannt und in der Beschreibung sogar nur der des Auges berücksichtigt. Die beste Erklärung liegt darin, daß dem Plato auch sonst diese beiden für die edelsten gelten. Er spricht dies im Phädon 65 B und namentlich im Tim. 47 A ff. aus. An der letzteren Stelle bezeichnet er beide als Mittel und Anregung zu philosophischer Betrachtung; hierzu stimmt es also vortrefflich, wenn im Phädonmythos der Zustand, in dem diese beiden Sinne ausschließlich herrschen, als eine Vorstufe zur vollkommenen Reinheit der Seele, wie sie nur dem Philosophen eignet, erscheint. So hat denn jener Zustand eine positive Bestimmtheit erlangt, durch welche jene niedere Sinnlichkeit, wie sie in den Begierden des Leibes sich offenbart, von ihm ausgeschlossen wird. Hiermit hängt zusammen, daß den Menschen in diesem Zustande 111 B ausdrücklich φρόνησις und Verehrung der Götter beigelegt wird. Hiermit stimmt auch die erste Darstellung soweit überein, daß nach ihr ebenfalls die guten Nichtphilosophen nach dem Tode zwar in einen sinnlichen Zustand, jedoch in einen solchen eintreten, in dem sie von den wilden Begierden und Leidenschaften nicht weiter behelligt werden. Denn darum sollen sie nach dem Tode entweder in die Leiber von Thieren eingehen, die als ἥμερα καὶ πολιτικά bezeichnet sind (vgl. dazu auch Arist. de part. an. II, 2. 648$^a$ 4 ff.) oder gar als ἄνθρωποι μέτριοι wiedergeboren werden. Es bleibt immer eine Art von vernünftiger Sinnlichkeit, die ihnen zu Theil wird, sie kennen etwas Höheres als den gemeinen selbstischen Trieb. Dagegen sollen die, welche schon in diesem Leben der Sinnlichkeit gänzlich verfallen waren, die schon hier sich gewöhnt hatten blindlings ihren sinnlichen Trieben zu folgen, in denen jeder Funke höheren Strebens und reinerer Einsicht ausgelöscht war, auch nach dem Tode keines besseren Zustandes gewürdigt werden. Darum weist ihnen die erste Darstellung nach dem Tode die Leiber solcher Thiere zum Wohnsitz an, die lediglich von selbstischen Trieben und gemeinen sinnlichen Begierden erfüllt sind. Dies bedeutet aber nach dem ganzen Zusammenhange nichts Anderes als daß sie in einen Zustand vollkommener Verfinsterung des Geistes treten und jede Ahnung eines Höheren hierdurch in ihnen ausgelöscht wird vgl. 65 A ff. 66 C. Nach der zweiten Darstellung sollen die Seelen dieser selben Menschen nach dem Tode in die Unterwelt gelangen. Wenn nun Plato, wie ich zu zeigen versuchte, durch das Leben auf der Oberwelt einen Zustand höherer Sinnlichkeit bezeichnete, so müssen wir schließen, daß er durch eine Existenz in der Unterwelt den Zustand niederer Sinnlichkeit bezeichnen wollte. Denn das Dunkel der Unterwelt schließt eine Thätigkeit des Gesichtssinnes aus und durch diesen war doch jene höhere Sinnlichkeit hauptsächlich bezeichnet. Es bleibt also, wenn die Seele doch einmal nicht von Sinnlichkeit rein sein soll, nur Empfindung und Begierde übrig, mit denen behaftet sie in die Unterwelt eingeht. Sie empfindet nur die eigene Qual und kennt nur die Begierde davon befreit zu werden. Es ist also dieselbe niedrige Stufe des Daseins, die in der ersten Darstellung durch den Aufenthalt der Seelen in gewissen niedrigen Formen des thierischen Leibes bezeichnet wurde; denn auch dann ist es nur das individuelle augenblickliche Bedürfniß und dessen Befriedigung, wodurch sie geleitet werden.

In ihren wesentlichen Zügen also, wie wir gesehen haben, gleichen sich beide Darstellungen. Im Ganzen und Großen ist es dieselbe Auffassung, welche beiden zu Grunde liegt; denn nicht bloß theilen beide die allgemeine Annahme einer gerechten Bestrafung und Belohnung der Seelen nach dem Tode, auch die Hauptformen

der Bestrafung und Belohnung sind in beiden Darstellungen die
gleichen. Im Wesentlichen des Inhalts stimmen sie mit einander
überein, nur in der Form sind sie verschieden: was die eine durch
die Seelenwanderung, drückt die andere durch Zwischenzustände im
Hades aus. Da nun aber die Form der ersten Darstellung, wie ich
oben bemerkt habe, dem Plato für die wahre und wirkliche gilt, so
kann die der zweiten bloß eine symbolische sein. Die zweite Dar=
stellung nun für eine symbolische zu halten werden wir auch noch
durch einen anderen Grund genöthigt. Denn wem wäre nicht schon
die Vorstellung des ganzen um das Mittelmeer vom Phasis bis zu
den Säulen des Herakles sich erstreckenden Ländergebietes als einer
großen Höhle aufgefallen? Die genauere Schilderung dieser Höhle,
welche nicht die einzige in ihrer Art sein soll, giebt Phädon 109 B.
Man würde sich auch ohnedies schwer entschließen in dieser auffal=
lenden und ohne jede Begründung hingestellten Ansicht Platos
wirkliche Meinung zu erblicken. Dazu kommt, daß er wenigstens
als er den Timäos schrieb diese Ansicht noch nicht oder nicht mehr
gehabt haben kann. Denn wie wäre es sonst möglich gewesen, daß
die Bewohner der Insel Atlantis, welche außerhalb der Säulen des
Herakles liegen sollte, in das Gebiet des Mittelmeers eingedrungen
wären? Die Insel Atlantis aber auch mit in diese Höhle zu ver=
legen würde doch zu kühn sein; denn wie könnte Plato noch von
einem Gebiete des Mittelmeeres reden, wenn er darunter eine Insel
von der Größe der Atlantis mit inbegriff, die im atlantischen Ocean
gelegen war? Diese Annahme wird durch die Beschreibung, die
Tim. 24 E f. von der Lage der Insel giebt, geradezu unmöglich.
Wir können schließlich annehmen, daß dem Plato es auf keiner
Stufe seiner philosophischen Entwickelung unbekannt war, daß man
durch die Säulen des Herakles in den atlantischen Ocean hinaus=
fuhr; und doch verträgt sich dieses Wissen nicht mit der Vorstellung,
wie sie Plato nach dem Phädon von dem Gebiete des Mittelmeers
hatte. Schon diese Widersprüche müssen uns starke Zweifel erregen,
ob wir es denn hier überhaupt mit einer wirklichen Meinung Platos

zu thun haben. Nun sind zwar in dem Mythos unzweifelhaft auch kosmologische Ansichten Platos ausgesprochen, an die er selbst alles Ernstes glaubte — hierzu gehört jedenfalls die Vorstellung von der im Mittelpunkte der Welt ruhenden Erde —, doch habe ich bereits gezeigt, daß auch des Symbolischen genug vorhanden ist. Haben wir also in jener Vorstellung einer irdischen Höhle, in die der Mensch während seines Lebens gebannt ist, nicht Platos wirkliche Meinung vor uns oder ist dies wenigstens nicht wahrscheinlich, so werden wir schon jetzt die Vermuthung wagen, daß auch die Vorstellung jener Höhle mit zu den symbolischen Bestandtheilen des Mythos gehört und durch sie im Gegensatz zu der oberweltlichen und unterweltlichen Existenz eine mittlere Stufe menschlichen Daseins bezeichnet werden soll. In dieser Vermuthung nun müssen wir dadurch bestärkt werden, daß Plato an einer anderen Stelle zu demselben Zwecke sich eines ganz ähnlichen Gleichnisses bedient. Man wird leicht errathen, daß ich die berühmte Vergleichung meine, welche Plato zu Anfang des siebenten Buches der Republik aufstellt. Um einen Vergleich zu gewinnen für das Verhältniß derer, welche zur Anschauung der Ideen gelangt und derer, welche noch in der sinnlichen Wahrnehmung allein befangen sind, setzt er einen Fall, wodurch schon auf dem Gebiete der sinnlichen Wahrnehmung zweierlei Arten der Wahrnehmung entstehen, deren Verhältniß dem Verhältniß der Wahrnehmung zur Erkenntniß und dem Schauen der Ideen analog ist. Er setzt nämlich die Existenz einer großen Höhle voraus und unterscheidet nun zwei Klassen von Menschen, die einen, welche in dieser Höhle und die anderen, welche auf der Oberwelt leben. Die Höhle ist gegen das Licht zu geöffnet, hat einen steilen und schwierigen Aufgang 514 A. 515 E. Diese Höhle empfängt ihr Licht nicht durch die Sonne, sondern durch ein Feuer, welches in ihr brennt 514 B. Der Mensch, so lange er in der Höhle weilt, sieht zunächst nur die Schatten der Bilder und erst auf einer höheren Stufe die Bilder der Dinge selber 515 A. C. Auf jeder der beiden Stufen hält er das, was er gerade wahrnimmt, für die

Wahrheit 515 B. D. Doch gelangt er zur Anschauung der Dinge selber, wie sie sind, erst wenn er aus der Höhle heraus an das Licht der Oberwelt getreten ist. Jetzt erst erblickt er den Himmel, die Gestirne und vor Allem das Licht der Sonne, und preist sich glücklich, daß er dem dunklen Gefängniß entronnen ist 516 A ff. Auch der Phädonmythos läßt seine Menschen in einer dunklen mit Nebel erfüllten Höhle wohnen. Nur durch den Nebel bringt das Licht der Sonne und der übrigen Gestirne zu ihnen. Nichts sehen sie in seiner vollkommenen Gestalt und Reinheit, und doch sind sie mit dem, was sie sehen, zufrieden und halten es für das allein Wahre und Wirkliche. Den ἀήρ nennen sie οὐρανὸς und meinen, daß in ihm die Gestirne wandeln; sie glauben auf der Erde zu wohnen und das Licht der Sonne zu schauen. Aber den wahren Himmel, das wahre Licht und die wahre Erde, überhaupt alle Dinge in ihrer wahren, reinen Gestalt sollen sie erst schauen, wenn sie aus diesem dunklen Gefängniß, wie es im Phädon 114 B, so gut wie in der Republik, genannt wird, befreit und auf die Oberfläche der Erde getreten sind 110 A ff. Aber es werden nicht bloß verschiedene Stufen sinnlicher Wahrnehmung im Phädon und der Republik in ähnlicher Weise unterschieden, sondern in beiden auch der Schauplatz des gewöhnlichen Menschenlebens in die Höhle verlegt. Die meisten Menschen verlassen während ihres Lebens jene Höhle nicht; nur der Philosoph ist es, der zu Zeiten daraus an das Licht der Oberwelt hervortritt vgl. Rep. VII p. 516 E ff. Wenn also die Vorstellung, wonach das menschliche Leben in einer dunkeln, mit Nebel erfüllten Höhle sich abspielt, Platos sonstigen Ansichten widerspricht, wenn er dieser Vorstellung an einer Stelle erwähnt, die auch sonst von symbolischer Darstellung nicht frei ist, wenn er endlich auch anderwärts zur Bezeichnung ähnlicher Gedanken sich ähnlicher Symbolisirung bedient, so ist es im höchsten Grade wahrscheinlich, daß er auch an unserer Stelle mit der Beschreibung jener Höhle nicht eine wirkliche kosmologische Ansicht ausdrücken, sondern gewisse Gedanken dadurch symbolisch darstellen wollte. Er wollte drei Stufen sinnlicher Existenz bezeichnen; kam nun der niedrigsten die Unterwelt als Aufenthaltsort zu, der höchsten die Oberfläche der Erde, so mußte für die mittlere nothwendig ein Ort zwischen beiden und somit jene Höhle in der Erde angenommen werden. Eine Bestätigung endlich erhält meine Ansicht durch Sokrates' Worte Phäd. 69 C: καὶ κινδυνεύουσι καὶ οἱ τὰς τελετὰς ἡμῖν οὗτοι καταστήσαντες οὐ φαῦλοί τινες εἶναι, ἀλλὰ τῷ ὄντι πάλαι αἰνίττεσθαι, ὅτι, ὃς ἂν ἀμύητος καὶ ἀτέλεστος εἰς Ἅιδου ἀφίκηται, ἐν βορβόρῳ κείσεται, ὁ δὲ κεκαθαρμένος τε καὶ τετελεσμένος ἐκεῖσε ἀφικόμενος μετὰ θεῶν οἰκήσει. Nach den Mysterien also sollen die unreinen Seelen nach dem Tode im βόρβορος liegen. Nun bezeichnet zwar Sokrates im Mythos die Unterwelt nicht mit diesem Worte. Wenn wir aber sehen, wie 110 A die irdische Höhle schon in Bezug auf Reinheit gegen die glänzende Erdoberfläche herabgesetzt wird, so ist es jedenfalls in Sokrates' Sinn die Unterwelt als βόρβορος zu bezeichnen. Dazu kommen einzelne Züge in der Beschreibung, welche diese Bezeichnung noch entschiedener rechtfertigen vgl. 111 D: καὶ ἀενάων ποταμῶν ἀμήχανα μεγέθη ὑπὸ τὴν γῆν καὶ θερμῶν ὑδάτων καὶ ψυχρῶν, πολὺ δὲ πῦρ καὶ πυρὸς μεγάλους ποταμούς, πολλοὺς δὲ ὑγροῦ πηλοῦ καὶ καθαρωτέρου καὶ βορβορωδεστέρου. 113 A: καὶ λίμνην ποιεῖ (ὁ Πυριφλεγέθων) μείζω τῆς παρ' ἡμῖν θαλάττης ζέουσαν ὕδατος καὶ πηλοῦ· ἐντεῦθεν δὲ χωρεῖ κύκλῳ θολερὸς καὶ πηλώδης. — Nun sagt aber Sokrates in der obigen Stelle ausdrücklich, daß die, welche die Seelen nach dem Tode im βόρβορος liegen lassen, hiermit nur symbolisch den unreinen Zustand der Seelen bezeichnen wollten. Da er aber ebenfalls die Seelen nach dem Tode in den βόρβορος gelangen läßt, so kann auch er dies nicht anders als symbolisch gemeint haben. Sind dann ferner die Vorstellungen der Unterwelt symbolisch gemeint, so gilt das Gleiche auch von denen der irdischen Höhle und der Erdoberfläche, überhaupt von der ganzen Erdbeschreibung des Mythos. Der Sinn des τοιαῦτ' ἄττα, dessen sich Sokrates 114 D mit Bezug auf den Mythos bedient, ist also näher dahin bestimmt, daß die mythische Darstellung im Wesentlichen eine symbolische ist. Die Symbolisirung lehnt sich vorzüglich an Vorstellungen der Volksreligion an, die jedoch auch wieder in freierer Weise vielleicht nach Maßgabe der Mysterien verwerthet sind. Nun habe ich schon oben bemerkt, daß nur die Eigenthümlichkeit seiner Hörer es sein konnte, welche den Sokrates veranlaßte von der wissenschaftlichen Darstellungsweise abzugehen und sich mit Autoritäten zu behelfen. Er wird also jene bestimmte Art der Symbolisirung nicht willkürlich, sondern mit Rücksicht und Berechnung der Natur seiner Hörer, auf die er wirken wollte, gewählt haben. Denn einmal verband sich ihnen wohl mit dem Leben in der Unterwelt leichter die Vorstellung einer Strafe als mit der bloßen Seelenwanderung und andererseits hatten doch auch bei den Gebildeten der damaligen Zeit jene Vorstellungen der Volksreligion noch nicht alles Ansehen verloren, wie Rep. I, 330 D f. zeigen kann. Daß außerdem die gröbsten Anstöße, die die Mythologie in diesem Punkte gab, beseitigt wurden, dafür hatte Plato in seiner Darstellung gesorgt.

Ich habe von dem Unterschiede der Form bei wesentlicher Gleichheit des Gedankens gesprochen. Es darf aber auch, um das Verhältniß, welches zwischen den beiden eschatologischen Darstellungen des Phädon besteht, richtig aufzufassen, ein Unterschied nicht vergessen werden, welcher nicht die Form sondern den Gedanken selbst betrifft. Denn während nach der ersten Darstellung alle Nichtphilosophen, also Alle, deren Seelen nicht vollkommen rein sind, im Tode der Strafe verfallen und auch die besten unter ihnen, die ohne Philosophie Tugendhaften, kein wesentlich besseres Loos erlangen als ihnen schon in diesem Leben zu Theil ward, sind es nach der zweiten Darstellung bereits die ohne Philosophie Tugendhaften, welche aus der irdischen Höhle zu einem reineren, glücklicheren Dasein aufsteigen. Während das Loos, das die tugendhaften Nichtphilosophen nach dem Tode trifft, in der ersten Darstellung noch mehr einer Strafe gleicht, ist es in der zweiten Darstellung ganz entschieden und unverkennbar eine hohe Belohnung geworden. Nach beiden Darstellungen treten die tugendhaften Nicht= philosophen nach dem Tode wesentlich in denselben Zustand seinerer Sinnlichkeit, nur daß dieser Zustand in der zweiten Darstellung mit glänzenderen Farben gemalt und über die gemeine Sinnlichkeit des irdischen Lebens hinausgehoben ist. Diese Abweichung beider Dar= stellungen von einander ist unzweifelhaft und schon Zeller hat darauf aufmerksam gemacht Philos. d. Gr. II, 1, 529. Wie haben wir uns diese Abweichung zu erklären? Wir werden den Grund dafür in derselben Gegend suchen, wo wir ihn schon für die Abweichung in der Form gefunden haben. Es ist der Zweck des Mythos die Fortdauer der Seele so zu schildern, daß daraus für die Hörer ein Antrieb zum Tugendstreben erwächst und im Bewußtsein dieses Strebens die Todesfurcht verschwindet. Dieser Zweck würde durch die erste Darstellung nicht erreicht worden sein; denn hier sind es nur die Philosophen, die vollkommen Reinen, welche belohnt wer= den, die Uebrigen dagegen verfallen sämmtlich der Strafe der Seelen= wanderung. Wie viele aber waren unter Sokrates' Schülern, unter denen, die am letzten Tage sich um ihn versammelt hatten, die sich rühmen durften vollkommene Philosophen zu sein? Wie viele auch nur, die dieses Ideal jemals zu erreichen hofften? Dagegen werden die Meisten unter ihnen, wie wir annehmen dürfen, auf der zweiten Stufe der Sittlichkeit gestanden haben. Um sie zu trösten und ihre Todesfurcht zu beschwichtigen mußte also auch den tugendhaften Nichtphilosophen nach dem Tode ihr Lohn zu Theil werden.

Wir haben also bei näherer Vergleichung beider eschatologischen Darstellungen mit einander bestätigt gefunden, was ich schon oben aus anderen Gründen vermuthete; denn die Abweichungen der zweiten eschatologischen Darstellung von der ersten sind, wie wir gesehen haben, der Art, daß sie durch den ihr gesteckten bestimmten Zweck gefordert und bedingt erscheinen. Nicht bloß auf die bestimmte Meinung, welche er in die Seelen seiner Hörer pflanzen will, nimmt Sokrates bei der mythischen Darstellung Rücksicht, sondern auch auf die Natur und Eigenthümlichkeit seiner Hörer, an die er seine Rede richtet. In diesen beiden Kennzeichen aber — und damit wären wir an das Ziel unserer Betrachtung über den Phädonmythos gelangt — offenbart sich der rhetorische Charakter desselben. Im Phädonmythos also — dies hat sich uns durch die angestellte Betrachtung ergeben — bedient sich Sokrates gewisser Anschauungen der Volksreligion mit Rücksicht auf seine Hörer, auf die er dadurch mehr zu wirken hofft. Nun finden wir aber diese Anschauungen der Volksreligion außer dem Phädon im Mythos des Gorgias und der Republik verwandt. Die Vermuthung ist also wohl nicht zu kühn, wenn wir annehmen, daß er auch hier sich ihrer lediglich zu rhetorischen Zwecken bedient habe. Den wahren Kern des Gorgiasmythos scheint Sokrates selbst 527 B darauf zu beschränken, daß ihm zu Folge die Guten nach dem Tode belohnt, die Schlechten bestraft werden. Vielleicht also ist in dem 492 E ff. Gesagten so viel wenigstens Sokrates' wirkliche Meinung, daß er den Aufenthalt der Seele im Körper ihre Bestrafung und die dauernde Befreiung davon für ihren Lohn hielt. An Stelle der Zwischenzustände im Hades tritt hier der Aufenthalt im Körper und an Stelle der einzelnen Strafen die Herrschaft der sinnlichen Begierden. Wenigstens ist dies dieselbe Meinung, die in dem Phädon als die wirkliche des Sokrates erscheint und auch durch den Timäos als dem Plato eigen verbürgt ist. Ebenso wird durch diese Stelle klar, warum Sokrates wenigstens im Gorgias da, wo er die Strafen, welche die unreinen Seelen nach dem Tode treffen, schildern will, genöthigt ist von seiner eigentlichen Ansicht abzugehen; denn wie konnte er dem Kallikles, der es für das höchste Glück des Menschen hielt seinen Begierden und ihrer Befriedigung zu leben, ein solches Leben als die Strafe vorhalten, die den Ungerechten nach dem Tode erwartet? Der Autorität, welcher der Mythos beim Kallikles ermangelte, hilft Sokrates dadurch nach, daß er seinen eigenen festen Glauben bekennt 524 B und die nachdrückliche Forderung stellt., so lange man nichts Besseres habe, das zu glauben was einem geboten werde 527 A. Auch für den Mythos der Republik dürfen wir das Gleiche annehmen, auch er behält die populären Vorstellungen über den Hades nur bei, weil sie bei seinen Hörern eine gewisse Autorität besaßen und namentlich der Unterschied von Lohn und Strafe in ihnen einen deutlicheren Ausdruck fand. Glaukon, an den der Mythos zunächst gerichtet ist, hatte kurz vorher 608 D es ausgesprochen, daß er an keine Unsterblichkeit der Seele glaube. Nachdem ihm also Sokrates die Unsterblichkeit bewiesen hatte, mußte er geneigt sein zu jenen Vorstellungen zurückzukehren, welche die Volksreligion ihm über das Fortleben des Menschen nach dem Tode darbot und die er selber früher getheilt hatte. Diese Vorstellungen enthielten allerdings mancherlei Züge, die ein Gebildeter unmöglich für wahr konnte gelten lassen, und gegen solche Züge richtet sich auch der Spott des Adimantos II p. 363 C f. Wenn ihm aber Sokrates diese Vorstellungen in gereinigter Gestalt bot, so war kein Grund, warum sie Glaukon nicht hätte annehmen sollen, auch abgesehen von der geheimnißvollen Autorität des Armeniers Er, den Sokrates als seinen Gewährsmann anführt. Beiden Mythen, dem des Gorgias und der Republik, ist endlich der Zweck gemein; denn beide wollen zur Gerechtigkeit ermahnen und von der Ungerechtigkeit abschrecken. Hieraus erklärt sich wohl, daß nicht wie im Phädon und Phädros in Bezug auf Belohnung und Strafe drei Stufen der Sittlichkeit angenommen, sondern einfach sich Gerechte und Ungerechte entgegengesetzt werden. Alle Gerechten ohne Unterschied kommen nach dem Gorgias auf die Inseln der Seligen und auch in der Republik scheinen Alle gleichmäßig an den himmlischen Freuden Theil zu haben. Wenigstens wird der Nutzen der Philosophie in der Republik erst da hervorgehoben, wo es für die Seelen gilt sich ein Lebensloos auszusuchen vgl. 618 B ff. 619 C.

Was ich bisher im Einzelnen ausgeführt habe um die rhetorische Natur einiger platonischen Mythen zu zeigen, erhält seine Bestätigung durch die Art wie Plato selbst sich über Mythen ausspricht. Im zweiten Buche der Republik 376 E unterscheidet er zwei Arten von Reden, solche die die Wahrheit enthalten und solche die lügen. Zu letzteren rechnet er die Mythen. Auch ihnen gesteht er ihre Berechtigung zu und tadelt den Homer und Hesiod 377 D ff. nicht deßhalb, daß sie gelogen, sondern deßhalb, daß sie es nicht in der gehörigen Weise gethan haben. Ebenso spricht er es 389 B geradezu aus, daß die Lüge unter Umständen den Menschen nütze und es den Herrschern deßhalb erlaubt sein müsse sich ihrer zum Wohle der Bürger zu bedienen. Es kann uns also auch nicht wundern, wenn Sokrates den ausgesprochenen Grundsätzen gemäß III, 414 B ff. uns einen vollständigen Mythos vorführt, der zu einem bestimmten Zwecke und mit Rücksicht auf diesen erdichtet ist. Sokrates kennt in der Gestaltung des Mythos keine andere Rücksicht als die auf den Zweck der Rede; er will eine bestimmte Ansicht in den Seelen der Bürger seines Staates begründen und er scheut um diesen Zweck zu erreichen auch die Lüge als rednerisches Mittel nicht. Er will nicht belehren, mit Gründen der Wahrheit überzeugen sondern nur überreden, was durch die bloße Wahrscheinlichkeit und die sich dahinter verbergende Lüge ebensowohl erreichbar ist. Mit einem Wort er ist in Bezug auf diesen Mythos durchaus Rhetor. Wir würden also berechtigt sein von diesem Mythos der Republik, den man den Mustermythos nennen könnte, ausgehend auch alle übrigen mythischen Darstellungen Platos vom gleichen Gesichtspunkte zu betrachten, bis uns das Gegentheil erwiesen wäre. Wir würden voraussetzen müssen, daß sie wesentlich rhetorischer Natur seien. Nun hat sich uns aber bei der Betrachtung einzelner platonischer Mythen aus ihrer besonderen Gestalt und Form schon ergeben, daß ihnen ein rhetorisches Motiv zu Grunde liegen muß. Wir werden also kein Bedenken tragen in der Art und Weise, wie sich Plato in den angeführten Stellen der Republik über die Zulässigkeit der Lüge und den Nutzen der von ihr erfüllten Mythen ausspricht, desgleichen in der Anwendung, welche er von diesen Grundsätzen in jenem Mustermythos macht, eine Bestätigung der schon gefundenen Resultate zu erblicken. Von diesem so befestigten Standpunkte aus dürfen wir nun auch an die Betrachtung zweier anderer Mythen gehen, die zwar ebenfalls zu den mythischen Darstellungen gehören, sich aber von den übrigen ihrer Gattung sehr bestimmt unterscheiden. Ich meine den Mythos des Politikos und den Kritias; denn wenn Sokrates Rep. II, 382 C f. zwei Arten von Mythen unterscheidet, so gehören der Mythos des Kritias und Politikos der zweiten der beiden aufgezählten Arten, die vorher erwähnten der ersten an.

Der Politikosmythos steht in Bezug auf seinen Inhalt ziemlich einsam unter den platonischen Mythen. Es werden zwei Weltperioden unterschieden, die eine, in welcher der höchste Gott die Welt lenkt, die andere, in welcher diese sich selbst überlassen ist. Die erste Periode wird als die des Kronos, die zweite als die des Zeus bezeichnet 272 B. Während in der ersten Periode das Gute in der Welt überwog, verfällt dieselbe in der zweiten zunehmender Verschlechterung, immer mehr macht sich die angeborene ἀναρμοστία der Materie geltend und die Welt würde vernichtet werden, wenn nicht der oberste Gott dazwischen träte und ein neues Alter des Kronos heraufführte 273 B ff. Die gegenwärtige Periode nun, in der wir leben, ist nicht das Zeitalter des Kronos, sondern das des Zeus. Wir leben also in einer Periode, da die ἀναρμοστία in der Welt herrscht. Diese Ansicht muß entschieden auffallen sonstigen Ansichten Platos gegenüber. Denn überall verweist er uns sonst auf die ideale Schönheit und Harmonie der Welt, also doch der Welt, wie sie gegenwärtig ist vgl. Gorg. 507 E. Rep. X, 616 B ff. Phileb. 28 C ff. Gess. X, 897 C. Dasselbe geht aus dem Timäos hervor. Ebensowenig findet sich in anderen platonischen Dialogen die Annahme, daß jemals in der Schönheit und Harmonie der Welt eine Abnahme stattfinden werde. Schon nach den Schilderungen in den angeführten Stellen ist dies wenig wahrscheinlich. Ja im Tim. 36 E wird es ausdrücklich in Abrede gestellt. Ferner ist zwar auch im Tim. 22 C Kritias 109 D Gess. III, 677 A von perio-

bifch eintretenden φθοραί die Rede, in denen der größte Theil des
Menschengeschlechtes vernichtet werde. Doch sind die Zeiten vor
und nach den φθοραί nicht so grundverschieden von einander, wie
dem Politikos zu Folge. Denn nach dem Politikosmythos entstehen
in der ersten Periode die Menschen aus der Erde, in der zweiten
pflanzen sie sich durch sich selber fort. Nach dem Timäos und
Kritias werden zwar die ersten Menschen ebenfalls aus Erde ge=
bildet Tim. 23 C Krit. 109 D 113 C, pflanzen sich aber in der
Folgezeit durch sich selber fort; auch die φθοραί machen nicht einen
so bedeutenden Einschnitt, die erworbene Cultur des Menschen=
geschlechtes wird vernichtet, der rohere Theil der Menschen bleibt
übrig und in ihm beginnt die Entwickelung von Neuem. Das
menschliche Dasein vor und nach den φθοραί ist wesentlich dasselbe
vgl. Tim. 23 A f. Krit. 109 D Gess. III, 677 A ff. Zwar wird
nach dem Timäos und Kritias sowohl, wie nach den Gesetzen, die
Periode vor den φθοραί als solche geschildert, in der die Götter noch
eine unmittelbare Herrschaft über die Menschen ausübten. Aber
wie verschieden ist diese Herrschaft der Götter, wie sie hier ge=
schildert wird, von der im Politikos geschilderten! Zuerst fällt
schon der Unterschied auf, daß während im Politikos die einzelnen
Götter sich in die ganze Welt theilen, im Timäos und Kritias sie
sich auf die Erde beschränken. Während also im Politikos einem
einzigen Gotte das gesammte Menschengeschlecht zufällt, so werden
im Timäos und Kritias die verschiedenen Theile der Erde der eine
diesem, der andere jenem Gotte zugewiesen vgl. Politik. 271 D f.
272 E 274 B Tim. 23 E Krit. 109 B 113 C. Mit diesem
Unterschiede hängt ein zweiter zusammen: denn während nach dem
Politikos unter der Herrschaft und Hut der Götter es keine πολιτεῖαι
gab, sind es nach dem Timäos und Kritias gerade die Götter,
denen die ersten Staaten ihren Ursprung verdanken vgl. Politik.
271 C Krit. 109 D Tim. 24 C. Nun könnte man aber ein=
wenden, daß auch im Politikos eine solche Thätigkeit der Götter
angedeutet sei. Denn 274 C heißt es, daß die Menschen in ihrer

Hülflosigkeit vom Prometheus das Feuer, von Hephästos und Athene die Künste und was sonst zur Ausrüstung des menschlichen Lebens dient, empfangen hätten. Aber ganz abgesehen davon daß hier nur von einzelnen Gaben der Götter und Unterricht in der Benutzung derselben, nicht von einer Erziehung und Leitung der Menschen, wie im Timäos und Kritias, die Rede ist, so wird auch offenbar diese Einwirkung der Götter auf das Menschengeschlecht hier nicht in dieselbe Zeit verlegt, wie im Timäos und Kritias. Denn im Timäos und Kritias tritt sie zu Anfang der Weltgeschichte ein, die Menschen werden von den Göttern geformt, im Politikos dagegen zu Anfang der zweiten Periode, nachdem durch ζῳοπαί, wie sie im Gefolge der Veränderung des Weltlaufes eintraten, die frühere Generation vertilgt war.

Aber noch ein Anderes kommt hinzu um dies zu bestätigen. Auch in den Geff. IV, 713 A ff. wird die Zeit des Kronos geschildert, auch hier die glückliche Eintracht hervorgehoben, in der die Menschen damals lebten, die Freigebigkeit, mit der die Erde ohne durch Arbeit dazu gezwungen zu sein ihren Bewohnern Alles, dessen sie bedurften, spendete. Und doch bleibt ein Unterschied, der die Darstellung der Urzeit, wie sie in den Gesetzen gegeben wird, der im Timäos und Kritias gegebenen wieder näher bringt. Denn wie im Timäos und Kritias wird in den Gesetzen nicht die Welt, wie im Politikos, sondern die Erde unter verschiedene Götter getheilt, nicht ein göttlicher Hirte herrscht über das Menschengeschlecht, sondern mehre jeder über eine besondere ihm zugewiesene Stadt, πόλις, wie es ausdrücklich heißt. Man sieht also, daß in diesem Punkte die Gesetze dem Timäos und Kritias näher stehen als dem Politikos, in dem das Fehlen der πολιτεῖαι ein wesentliches Kennzeichen der Urzeit ausmacht. Wir dürfen also wohl annehmen, daß mit der im Timäos und Kritias geschilderten Urzeit dieselbe Zeit gemeint ist, welche in den Gesetzen und dem Politikos die Zeit des Kronos genannt wird. Jener Einwand ist also nicht stichhaltig, welcher die Verschiedenheiten der Darstellungen und das Auffallende, das sie an sich tragen, dadurch beseitigen möchte daß er sie auf verschiedene Zeiten bezieht. Zu den gerügten Verschiedenheiten kommt noch eine andere. In den Gesetzen erscheint die Zeit des Kronos durchweg als eine ideale und für die Gegenwart mustergültige 713 B E, nicht anders im Timäos und Kritias vgl. bef. Tim. 24 D u. Krit. 120 E. Dagegen werden im Politikos die Zustände der Vorzeit durchaus nicht zur Nachahmung empfohlen. Ich will nicht einmal so großen Nachdruck legen auf den Zweifel, den 272 C f. der Eleat gegen die gepriesene Glückseligkeit des Zeitalters des Kronos erhebt, und der mir ziemlich durchsichtig zu sein scheint. Die Hauptsache ist, daß sich jene Zustände der Vorzeit aller Nachahmung in der Gegenwart deßhalb entziehen, weil sie im allerengsten Zusammenhange mit der veränderten Richtung des Weltlaufes stehen. Vorzeit und Gegenwart ruhen so auf gänzlich verschiedenen Grundlagen und die Zustände der einen können nicht maßgebend für die der anderen sein.

Was folgt nun aus allen den angeführten Eigenthümlichkeiten, durch welche der Politikosmythos sich von anderen platonischen Schriften unterscheidet? Folgt etwa daraus, daß Plato den Politikos zu einer anderen, um ein Bedeutendes früheren oder späteren Zeit als die anderen Schriften, in denen sich abweichende Meinungen finden, verfaßte, zu einer Zeit, da er gerade diese eigenthümlichen Ansichten hatte, wie sie im Politikosmythos niedergelegt sind? Ich glaube nicht, daß man diese Frage bejahen wird, wenn man die obenangeführten Stellen anderer Schriften mustert; denn wenn Plato diese Ansichten nicht theilte, da er den Gorgias, die Republik, den Timäos, Philebos und die Gesetze schrieb, so bleibt kaum eine Zeit übrig, in der er sie wirklich getheilt haben sollte. Wenn man also daran festhält, daß im Mythos eine ernsthafte Meinung ausgesprochen wird, sehe ich nicht, wie man sich der Nothwendigkeit entziehen kann ihn für unplatonisch zu erklären. Aber sind wir denn gezwungen anzunehmen, daß der Eleat im Mythos bestimmte kosmische Ansichten aussprechen wollte? Sehen wir uns doch einmal den Zusammenhang etwas näher an, in dem der Mythos innerhalb des Dialogs erscheint. In Folge der Eintheilungen war der Begriff des Königs zu dem eines Menschenhirten geworden. Menschenhirten zu sein beanspruchten aber ebensosehr die Kaufleute, Landbauer u. s. w. 267 E. Es kommt also darauf an durch eine neue Untersuchung den König oder Staatsmann auch von diesen zu unterscheiden und diese Untersuchung soll durch einen Mythos eingeleitet werden 268 C f. Daß der Eleat auch innerhalb des Mythos diesen Zweck nicht außer Augen läßt, zeigen Stellen wie 269 C 272 D 273 E 274 B. Nach Beendigung des Mythos schickt der Eleat sich sogleich an die Nutzanwendung davon zu machen 274 E. Aus dem Mythos soll sich ergeben, daß man Unrecht hatte den Staatsmann als Menschenhirten, aber Recht ihn als Herrscher der ganzen Stadt zu bezeichnen 274 E f. Es war im Mythos das Bild eines Königs vorgeführt worden, der ein Hirte der Menschen ist. Es hatte sich nun gezeigt, daß er ein Hirte der Menschen sein konnte, insofern er von höherem als menschlichem Geschlechte, insofern er ein Gott war, und ferner, daß der Fall einer solchen unmittelbaren Herrschaft eines Gottes über Menschen nur möglich war unter gänzlich veränderten Zuständen, in einer anderen Periode der Welt. Es hatte sich also gezeigt, daß der menschliche Herrscher, den wir suchen, kein Hirte seiner Unterthanen sein könne; denn sonst müßte er ein Gott sein und einer anderen als der gegenwärtigen Weltperiode angehören. Auf der anderen Seite aber wird uns der Menschenhirte der Vorzeit doch als ein König vorgeführt und er muß deßhalb auch die allgemeinen Kennzeichen eines solchen an sich tragen. Als solches allgemeines Merkmal bleibt nach Abzug der besonderen, durch Zeit und Umstände bedingten nur übrig, daß er über den gesammten ihm zugewiesenen Bereich herrschte, daß keiner war, der in einem Theile desselben selbstständig und nach eigenem Gutdünken schalten und walten durfte. In so weit ließ sich das Königthum auch auf die Gegenwart übertragen. Was den König der Gegenwart von dem der Vorzeit unterscheidet, ist nur, daß dieser in dem gesammten ihm zugewiesenen Kreise als αὐτάρκης 271 D eben wie ein Hirte herrscht; darin daß beide in ihrem Gebiete als die ersten und unbestrittenen Herrscher walten, denen alle Glieder und Theile des Ganzen unterworfen sind, gleichen sich beide, insofern beide Könige sind. So hat sich aus dem Mythos einestheils ergeben, daß die Ansprüche, welche die Kaufleute, Aerzte u. s. w. auf die Herrschaft im Staate erheben, nicht ganz unberechtigt sind; denn allerdings αὐτάρκης εἰς πάντα ist in seinem Kreise, der πόλις, der König der Gegenwart nicht, sondern bedarf des Beistandes jener. Andereutheils aber hat sich doch auch gezeigt, daß wenn der König schon ihres Beistandes bedarf, sie doch mit ihren Kräften und Leistungen in seinem Dienste bleiben; denn der König, wenn er überhaupt noch König bleiben soll, darf nicht bloß über einen Theil neben Anderen, sondern muß als der Erste über die gesammte Stadt herrschen. Der Zweck also, den der Eleat 275 B dem Mythos gesetzt hat, ist erreicht. Denn es hat sich nicht bloß ergeben, daß der König kein Hirte ist, und sind dadurch die Ansprüche, welche Andere auf diesen Titel erhoben, bis zu einem gewissen Grade gerechtfertigt worden, sondern man hat zugleich in der Schilderung des Hirtenkönigs der Vorzeit einen positiven Anhalt gewonnen, an den sich eine nähere Bestimmung des Königs der Gegenwart anknüpfen ließ. Demgemäß wird nun auch im Folgenden 275 C ff. der Mythos verwandt. Aus dem bestimmteren Begriff der ἀγελαιοτροφική wird das allgemeinere Merkmal der ἀγελαιοκομική ausgesondert, dem sich sowohl der König der Vorzeit, als der der Gegenwart unterordnen, so jedoch, daß beide verschiedene Arten derselben Gattung sind 276 A D. Diese Eintheilung wird auch im Folgenden nicht wieder aufgehoben, so daß auch der πολιτικός auf seiner höchsten und idealen Stufe doch immer vom göttlichen Menschenhirten der Vorzeit wesentlich verschieden bleibt. Schon hieraus geht zur Genüge hervor, daß der Menschenhirte der Zeit des Kronos kein Muster sein kann, nach dem sich der Staatsmann der Gegenwart zu richten hätte. Endlich sagt uns der Eleat selbst 277 b noch einmal ausdrücklich, daß er uns mit dem ganzen Mythos Nichts als ein Beispiel habe geben wollen, um den Begriff des Königs zu erläutern. Wir werden also an dem festhalten was uns des Eleaten eigene Aeußerungen und der ganze Zusammenhang gelehrt haben, daß der ganze Mythos nur erzählt wird um uns an dem Beispiel des Menschenhirten der Vorzeit zu zeigen, was der König der Gegenwart nicht sein kann und was er sein soll. Man könnte vermuthen, daß in dem Verhältniß des obersten Gottes und Lenkers der Welt zu den niederen Göttern, den συνάρχοντες, eine Andeutung gegeben sei, in welcher Weise der König der Gegenwart über das ihm untergebene Ganze herrschen solle, nämlich nicht unmittelbar, sondern durch die vermittelnden Thätigkeiten Andrer, die nach seinen Befehlen handeln. Und was könnte man nicht vermuthen, wenn nicht die leidige Nothwendigkeit vorläge sich streng an das zu halten, was der Eleat als den eigentlichen Zweck des Mythos bezeichnet und was sich als solcher durch den ganzen Zusammenhang bewährt.

Nun könnte es freilich scheinen, als ob die Geringfügigkeit des Zweckes in keinem Verhältnisse stünde zu der Masse des Mythos. Dies ist jedoch nicht richtig; denn auch die kosmischen Verhältnisse und ihre Revolutionen dienen dem besonderen Zwecke des Mythos. Sie erklären, warum die Existenz göttlicher Menschenhirten zu einer anderen Zeit möglich war, in der Gegenwart es nicht mehr ist. Die unmittelbare Herrschaft eines Gottes über Menschen war nur zu einer Zeit möglich, da auch das Weltall unter unmittelbarer Leitung eines Gottes stand. Mit der Verselbständigung des Weltalls mußte jene aufhören, mußten auch die Menschen sich selber überlassen werden. Dieselbe Rechtfertigung irdischer, ja menschlicher Verhältnisse durch Analogien im großen Ganzen der Welt findet sich im Phileb. 28 C ff., einem Dialoge, der auch sonst Spuren naher Verwandtschaft zum Politikos trägt. Nun haben wir schon oben gesehen, daß es gerade die

eigenthümliche Darstellung der kosmischen Verhältnisse und ihrer Ver-
änderungen ist, welche den Politikos mit allen anderwärts gegebenen
Darstellungen derselben in Widerstreit setzt, und in einen solchen
Widerstreit, daß wir unmöglich die in demselben vorgetragenen
Ansichten für ernstgemeinte halten dürfen. Ist nun die Darstellung
dieser Verhältnisse dem eigentlichen Kern und Zweck des Mythos aufs
Engste angepaßt, so sind wir fast gezwungen anzunehmen, daß sie
keinen inneren Grund der Wahrheit hat, sondern diesem Zwecke zu
Liebe erdichtet ist. Indem Plato in mythischer Weise den Begriff des
Menschenhirten als wirklich setzt, setzt er zugleich alle nach seiner Ansicht
sich daraus ergebenden Consequenzen als wirklich. Nur ein Gott konnte
in solcher Weise als Hirte über dem Menschengeschlechte stehen, es
mußte also eine Zeit sein, in der auch die übrigen Theile der Welt
noch unter unmittelbarer Obhut der Götter standen, in der endlich
das Weltall selber vom höchsten Gotte geleitet wurde. Die Verselbständigung der Welt dadurch zu bezeichnen, daß er sie nach der
entgegengesetzten Seite, als nach der sie vom höchsten Gotte geführt
worden war, sich drehen ließ, lag an und für sich nahe und
empfahl sich besonders deßhalb, weil ähnliche Weltrevolutionen auch
in der Mythologie des Volkes angedeutet waren. Jedenfalls dürfen
uns diese Mythen nicht abhalten, sobald uns andere Gründe unter-
stützen, was auf ihnen basirt, für erdichtet zu halten. Die Stelle
zu Anfang des Phädros ist bekannt, in der Plato den Sokrates
sich über den Werth solcher Mythendeutungen aussprechen läßt.
Aus derselben Stelle und daraus daß sich Sokrates auch sonst ihrer
bedient, läßt sich schließen, daß sie in damaliger Zeit Beifall und
Glauben fanden, sich also ganz wohl als rhetorisches Beweismittel
eigneten. Nach alledem, was ich gegen die Ansicht vorgebracht
habe, als ob Plato in dem Mythos des Politikos seine wirkliche
Ansicht über gewisse kosmische Verhältnisse habe äußern wollen, läßt
sich auch nicht mehr zweifeln, daß der Beweis, den er 269 D) f.
für die zu Zeiten eintretende rückläufige Bewegung des Weltalls aus
der körperlichen Natur desselben führt, lediglich rhetorischer Natur

ist und für ihn so wenig Bündigkeit hatte, als er sie für uns hat. Ganz in derselben Weise wie hier, wo er aus etwas nicht Wirklichem, das er als wirklich setzt, anderes nicht Wirkliche als wirklich folgert, verfährt Plato auch in den Gess. XII, 944 A. Auch hier entsteht ein Mythos, indem der nicht wirkliche, ja unmögliche Fall, daß Patroklos wieder zum Leben gekommen wäre, als wirklich gesetzt und hieraus das Weitere gefolgert wird.

Aber nicht bloß die eigenthümliche Ansicht, welche der Politikosmythos über die verschiedenen Weltperioden vorträgt, sondern auch die von anderen abweichende Darstellung der Zeit des Kronos erklärt sich aus der Annahme, daß der ganze Mythos lediglich zu dem angegebenen Zwecke errichtet ist. So wenig uns Plato in dem Menschenhirten das Ideal eines Königs zeichnen wollte das auch für die Gegenwart mustergültig wäre, ebenso wenig konnte er dies in Bezug auf die unter Jenes Herrschaft bestehenden Zustände thun. In beiden Fällen konnte es ihm dem gesetzten Zwecke zu Folge nur darauf ankommen die wesentliche Verschiedenheit aufzuzeigen, wodurch die Vorzeit von der Gegenwart getrennt wird. Weil er zeigen wollte, daß Menschenhirte und Staatsmann etwas durchaus Verschiedenes seien, konnte er auch nicht zugeben, daß während der Herrschaft Jenes es πολιτεῖαι unter den Menschen gegeben habe. Daher in diesem Punkte die Abweichung seiner Darstellung von der aller übrigen. Ja ich meine aus derselben Annahme erklärt sich auch, weßhalb er die Zustände der Vorzeit uns nicht nur nicht als ideal schildert, sondern sogar unter die Gegenwart hinabzurücken scheint. Auf diese Weise verhinderte er jedenfalls am leichtesten, daß man den Menschenhirten, unter dem solche Zustände waren, als das Ideal des Staatsmannes betrachtete.

Insoweit der rhetorische Charakter in der Rücksicht auf einen bestimmten Zweck der Rede liegt, glaube ich erwiesen zu haben, daß der Mythos eine rhetorische Composition ist. Aber auch die Rücksicht auf die Natur des Hörers, das zweite Merkmal des Rhetorischen, fehlt nicht ganz. Wenigstens glaube ich es darin zu bemerken, daß der

Eleat die Glaubwürdigkeit des Mythos zum Theil auf die Uebereinstimmung mit volksthümlichen Mythen stützt. Er selbst scheint den Werth der Mythen nicht sehr hoch angeschlagen zu haben vgl. 272 D.

Wir kommen zum Mythos des Kritias. Dieser giebt sich als erdichtet schon dadurch zu erkennen, daß er in so bestimmter und detaillirter Weise von Zuständen einer jedenfalls dunkeln Zeit redet. Man bedenke nur die bis ins Einzelne gehende Beschreibung der Insel Atlantis. Darüber daß die Autorität der ägyptischen Priester von keinem Gewicht ist, brauche ich weiter kein Wort zu verlieren; sie tritt hier an die Stelle der gewöhnlichen Mythologie des Volkes, weil sich für das was gesagt werden sollte in dieser kein Anhalt fand. Den Anlaß zum Mythos des Kritias giebt Sokrates da, wo er den Wunsch ausspricht den Idealstaat der Republik verwirklicht zu sehen, zu sehen wie er sich als Musterstaat auch in der Wirklichkeit bewährt Tim. 19 B ff. Wir schließen also hieraus, daß es der Zweck des Mythos ist den Idealstaat in seiner Verwirklichung zu zeigen, zu zeigen wie er sich auch in den daraus fließenden Kämpfen mit anderen Staaten bewährt. Doch um zu erklären warum er gerade bei den Athenern der Vorzeit verwirklicht sein soll, müssen wir bedenken, was es heißt den Idealstaat in seiner Verwirklichung zeigen und loben. Ich meine, nichts Anderes, als ihn zur Verwirklichung empfehlen. Ist er nun also bei den Athenern der Vorzeit verwirklicht, so wird er hierdurch den Athenern zur Nachahmung und Verwirklichung empfohlen. Warum läßt Plato nun diesen Musterstaat der Urathener sich gerade mit dem so bestimmt beschriebenen Staat der Atlantiker messen? Dieser Dichtung — denn daß es eine solche ist, wird man mir zugeben — muß ein bestimmter Sinn zu Grunde liegen. Plato wollte offenbar zwei Idealstaaten sich einander gegenüber stellen, dem einen, der auf der Tüchtigkeit und Tugend seiner Bürger beruht, den andern, der vor Allem mit äußerer Macht und Reichthum ausgestattet ist, der von gerechten Herrschern geleitet wird, dem aber jener Kern und Grund aller Dauer fehlt. Daher er denn auch im Kampfe mit dem anderen unterliegt. Nun wollte Plato, wie wir gesehen haben, seinen Idealstaat den Athenern empfehlen. Was war also natürlicher, als daß er ihn mit dem Staat, wie er bei den Athenern bestand, verglich! Was war gerechter als daß er auch diesen auf sein Ideal zurückführte! Und konnte er mythisch nicht beide verwirklicht setzen und statt der Vergleichung im Kampfe miteinander sich messen lassen? Kann es uns also wundern, wenn wir in jenem Idealstaate, der im Kritias dem platonischen gegenübertritt, Züge des Staatsideals finden, welches den meisten Athenern vorschweben mochte und dem auch der athenische Staat zur Zeit seiner höchsten Blüthe am Nächsten gekommen war? Nicht ohne Grund wird deßhalb Poseidon als der Stammgott der Atlantiker genannt, als der, welcher ihnen ihr Staatswesen einrichtete. Der Staat der Atlantiker soll so gut wie der der Athener zu Perikles' Zeit als ein seemächtiger, reicher Inselstaat erscheinen. Die einzelnen Züge, welche beiden, dem Staat der Athener wie dem der Atlantiker, außerdem gemeinsam sein möchten, wage ich nicht genau zu bestimmen. Ließen sich auch dergleichen noch finden — ich erinnere an die Zehnzahl der Eintheilung und der Herrscher, die in Athen bei den Phylen und den ihnen zum Theil entsprechenden Beamtencollegien wiederkehrt — so ist doch daran nicht viel gelegen. Plato wollte ja kein getreues Abbild, sondern ein Ideal des athenischen Staates uns vorführen. Nur wenn man die Ideale beider Staatsformen miteinander verglich, konnte man endgültig entscheiden, welche von beiden vorzuziehen sei. Ist diese Vermuthung — denn für mehr gebe ich es nicht und kann es bei der unvollendeten Gestalt des Ganzen nicht geben — richtig, dürfen wir den Mythos des Kritias in dieser Weise deuten, so bestätigt auch er meine Behauptung, daß die platonischen Mythen einen rhetorischen Charakter tragen.

Wir dürfen nun endlich zum Anfang der Untersuchung zurückkehren. Das Rhetorische hatte, wie wir sahen, zwei Seiten. Nach der einen will es mit Hülfe des Wahrscheinlichen überreden, nicht überzeugen oder belehren, nach der anderen liegt es in der Rücksicht, die es auf den Zweck und den Hörer der Rede nimmt. Beide Seiten haben wir in den platonischen Mythen wiedergefunden. Und zwar finden sich beide in allen Darstellungen dieser Art, nur daß bald die eine bald die andere überwiegt. Auch der Timäos entbehrt nicht ganz der Rücksicht auf den Hörer und Leser — denn beides läßt sich nicht immer genau trennen — und stützt seinen Inhalt auf das Zeugniß des Solon und der ägyptischen Priester. Ueber den Werth dieser Zeugnisse, die er durch eigene Dichtungen und durch Berufung auf andere (22 C) noch zu bestätigen sucht, kann kein Zweifel sein. Es ist nur die letzte und augenfälligste Form der Bestätigung, welche diese Ansicht erhält, wenn Plato die beiden Darstellungsformen, die mythische und rhetorische, für deren Wesensgleichheit so Vieles sprach, auch mit demselben Namen bezeichnet. Denn Politik. 304 C wird an Stelle der διδαχή der Rhetorik die μυθολογία zugewiesen. Und den gleichen Grund hat es, wenn Phädr. 276 E das Wort μυθολογεῖν von der geschriebenen Rede gebraucht wird, die dadurch in Gegensatz zu der im Folgenden hervorgehobenen wissenschaftlichen Belehrung tritt. Hierin aber steht die geschriebene Rede mit der mündlichen und rhapsodischen auf einer Stufe vgl. 277 E, so daß wir uns das μυθολογεῖν mit demselben Rechte auch auf diese bezogen denken. Ebenso wird man das Wort μυθολογεῖν und seine stammverwandten häufig in den Gesetzen wiederkehren finden, einem Werke, das nicht hierdurch allein seinen populär rhetorischen Charakter verräth. Auch außerhalb der eigentlichen und größeren mythischen Darstellungen finden sich genug Spuren des Rhetorischen in den platonischen Schriften. Ich rechne dazu nicht allein die kleineren Mythen, deren sich Sokrates öfter bedient und in deren Werkstätte er uns Phädon 60 C schauen läßt, sondern auch die vielen Stellen, in denen er sich auf die Aussprüche von weisen Männern der Vorzeit, von Priestern und Dichtern beruft, endlich die nicht seltenen Beziehungen auf die Etymologie eines Wortes, die als rhetorische

Mittel dadurch bezeichnet werden, daß in den beiden Liebesreden des Phädros das Wort ἔρως je dem Zwecke der Rede gemäß so oder so gedeutet wird 238 C und 252 B. Aus dem Protagoras lernen wir, daß Plato in dieser Verwendung der Mythen den Sophisten folgte; daß aber auch der wirkliche Sokrates sich nicht scheute Mythen in seine Dialoge einzumischen, zeigt uns Xenophon in den Memorabilien da, wo er ihm den Mythos des Prodikos in den Mund legt.

Aus alledem geht zur Genüge hervor, was uns schon oben der Phädros andeutete, daß Plato die Rhetorik keineswegs vom Gebrauch des Philosophen ausschließen wollte, daß er zwar die Belehrung und Ueberzeugung als die Hauptaufgabe desselben betrachtete, daß er aber auch die Ueberredung, ja die Lüge unter gewissen Umständen und zu gewissen Zwecken für erlaubt hielt. Seine Polemik im Gorgias ist daher nur gegen die gewöhnliche Rhetorik gerichtet, die sich in Gegensatz zur Philosophie stellt und schlechten Zwecken dient. Nur die Rhetorik konnte er für die vollendete und wahre gelten lassen, die auf philosophischer Bildung ruhend nur im Dienste der Philosophie d. h. zu guten Zwecken verwendet wurde. So hat er uns in Sokrates, dem Ideale eines Philosophen, auch das Ideal eines Rhetors vorgestellt.